Hugo Hungerbühler

Vom Herkommen der Schweizer

eine wiederaufgefundene Schrift aus dem XV Jahrhundert mit Erläuterungen und kritischen Untersuchungen

Hugo Hungerbühler

Vom Herkommen der Schweizer
eine wiederaufgefundene Schrift aus dem XV Jahrhundert mit Erläuterungen und kritischen Untersuchungen

ISBN/EAN: 9783744617512

Hergestellt in Europa, USA, Kanada, Australien, Japan

Cover: Foto ©ninafisch / pixelio.de

Weitere Bücher finden Sie auf **www.hansebooks.com**

Vom

Herkommen der Schwyzer.

Von

Dr. Hugo Hungerbühler.

———•◆•———

St. Gallen.
Druck der Zollikofer'schen Buchdruckerei.
1871.

Vom

Herkommen der Schwyzer.

Eine wiederaufgefundene Schrift aus dem XV. Jahrhundert,

mit Erläuterungen und kritischen Untersuchungen,

herausgegeben

von

Dr. Hugo Hungerbühler.

Vorwort.

Bekanntlich steht die heutige schweizerische Geschichtsforschung ziemlich allgemein für die Richtigkeit der in letzter Zeit wieder viel besprochenen Ansicht ein, dass die traditionelle Darstellung der Entstehung unserer schweizerischen Eidgenossenschaft, weit entfernt, ein Spiegel geschichtlicher Wahrheit zu sein, wesentlich dem Gebiete der Sage anheimfällt und somit in der dichtenden Phantasie ihren wahren Urquell hat.

Man kann hier namentlich an die neueste Litteratur erinnern, in welcher diese Ansicht auch von namhaften Geschichtsforschern der Westschweiz verfochten worden ist.

Nicht mehr die gleiche Uebereinstimmung in den Ansichten unserer Fachmänner waltet über die Art, wie man sich die Entstehung jener sagenhaften Ueberlieferungen zu denken, welchen historischen Werth man ihnen beizumessen, und wohin man ihren muthmasslichen Ursprung zu verlegen habe.

Wohl die meisten neuern Kenner der vaterländischen Geschichte bekennen sich mit Vorliebe zu der Hypothese, es liegen dem ganzen Sagenkreise, wie er sich „bis zum figurenreichen Gemälde mit bestechendem Firniss und blendendem Rahmen entwickelt hat", historische Thatsachen wirklich zu Grunde. Diese Richtung sucht, wie sich ihre Vertreter ausdrücken, „mit pietätvoll schonender Hand den mehr oder weniger geschichtlichen Kern der Traditionen aus der entstellenden Umhüllung herauszuschälen."

Zu Folge dieser Anschauungsweise hätten sich um einen Kern geschichtlich beglaubigter Thatsachen allmählich immer mehr aus der Einbildungskraft des Volkes entsprungene, vom wachsenden Nationalgefühl grossgezogene märchenhafte Zugaben angefügt, bis die Tradition jene vollendete Gestalt erhalten habe, welche ihr durch die künstlerische Hand Tschudi's verliehen worden sei und in der sie heute noch im Gedächtniss des Volkes fortlebe.

Es ist dies, so sehr sie sich auf den ersten Blick durch ihre Einfachheit und eine gewisse Wahrscheinlichkeit selbst zu empfehlen scheint, nicht diejenige Ansicht, welcher ich mich in der „Etude Critique sur les Traditions relatives aux origines de la Confédération Suisse" anschliessen zu sollen glaubte. Vielmehr fühlte ich mich dort veranlasst, die Lösung der schwierigen Frage in einer andern Richtung zu versuchen.

Ich stellte in der eben genannten Schrift die Gegen-Hypothese auf, jene Traditionen seien bis auf einzelne kleinere Bestandtheile nicht das Produkt der sagenschöpferischen Phantasie des Volkes, sondern das der Reflexion und der Gelehrtenerfindung. In dem Werke: „Les Origines de la Confédération, Histoire et Légende", welches kurz nach Vollendung der ersten Redaktion meiner Preisschrift erschien, war ich so glücklich, die von mir gewagte Behauptung ebenfalls aufgestellt und in glänzendster und erschöpfendster Weise vertheidigt zu sehen. Ich darf die Ehre dieses Zusammentreffens um so höher anschlagen, als der berühmte Verfasser des genannten Werkes, Herr Rilliet, in der seither erschienenen zweiten Auflage desselben, seinen Standpunkt, trotz mehrfacher Anfechtungen, nur noch entschiedener festgehalten hat.

Im Verfolge der Begründung meiner Hypothese kam ich, bei Erwähnung der ethnographischen Sagen (S. 45) auch auf eine Schrift über das Herkommen der Schwyzer aus Schweden zu sprechen, eine Schrift, deren Verfasserschaft Aegidius Tschudi einem Johannes Fründ zuschrieb. Bei diesem Anlass fügte ich die Randbemerkung bei, dass ich glaube, es sei mir gelungen, die längst für verloren gehaltene Schrift „Ueber das Herkommen der Schwyzer", wenn auch nicht im Original, so doch in einer getreuen Kopie wiedergefunden zu haben, nämlich in einer Handschrift des sechszehenten Jahrhunderts, welche mir von Herrn Professor Galiffe in Genf mit verdankenswerther Bereitwilligkeit zur Verfügung gestellt wurde. Ich gab damals der Hoffnung Raum, später auf dieses Schriftstück zurückkommen zu können, sowohl um den Text desselben dem Drucke zu übergeben, als auch um anlässlich die Beweise für seine Authenticität zu liefern.

Wenn Zeit und Gelegenheit hiezu länger auf sich warten liessen, als es mir selber lieb war, so wolle man die Schuld der verzögerten Veröffentlichung dieser Arbeit dem Umstande zuschreiben, dass der deutsch-französische Krieg und die schweizerische Grenzbesetzung dazwischentraten, sowie dass ich — Dilettant nur in der vaterländischen Geschichtskunde — lediglich die Neben- und Mussestunden für dieselbe verwenden durfte. — Nach Vorausschickung dieser Bemerkungen gehe ich zur Sache selbst über. Ich werde 1) von den vorhandenen Codices der genannten Schrift sprechen, 2) den Abdruck eines derselben folgen lassen, 3) die Quellen der Schrift und die Art ihrer Benutzung untersuchen, 4) dem Verfasser der Schrift, deren Veranlassung und Zweck nachforschen, und endlich 5) die Schicksale und Erfolge der Schrift selbst berühren.

I.

Die noch vorhandenen Handschriften der Chronik „Ueber den Ursprung und das Harkommen der Schwyzer und Oberhasler".

Das mir von Professor Galiffe in Genf anvertraute Manuscript der eben erwähnten Schrift ist ein achtunddreissig Seiten starkes, unpaginirtes Papierheft in Kleinquartformat. Die zweite und die drei letzten Seiten sind unbeschrieben. Auf der ersten steht von späterer Hand Nachstehendes bemerkt:

„Diß Buoch ist von H. Francisc. Bätschart, Alt Verwalthern „des Gotshauses Paradeiß, der Cantzley Schwytz gegeben wor-„den, Eine Copiam darvon abzuschreiben. Nachgehendtß daß „Ime widerumb zu restituiren Versprochen, den 23. Aug. 1672."

Von derselben Hand sind zu verschiedenen Malen Textcorrekturen und texterläuternde Randbemerkungen dem Manuscripte beigefügt. An mehreren Orten ist im Papiere ein deutliches Wasserzeichen in Form einer einen starken Zoll langen Traube sichtbar, deren Beeren und S förmig geschlängelter Stiel schattirt erscheinen.

Der Text beginnt mit einem längeren Vorwort und schliesst mit einem kurzen Nachworte. In jenem wird gesagt, es sei die nachfolgende Erzählung aus dem Lateinischen in's Deutsche übersetzt zu Lob, Ehr und Preis der Orte Schwyz und Hasle. Das Nachwort ist ein Gebet um Kraft und Muth für die Eidgenossenschaft, damit sie ihren Feinden widerstehen möge. Ganz am Schlusse enthält das Manuscript nach dem Anagramm AV folgende Worte:

„Diß Büechly Ist vollendett vnd vßgeschriben zů Lob, Eer

„vnd Briß dem loblichen Land zů Schwytz vff den 22. tag Hor-
„nung anno domini 1546,

„Diss bůch Ist Martys von Krientz."

Auf der letzten Seite notirte der jetzige Eigenthümer der Handschrift, Professor Galiffe: „Donné par Felix Donat Kyd de Brunnen en 1866."

Die Handschrift datirt demnach aus der ersten Hälfte des 16. Jahrhunderts. Daran zu zweifeln liegt kein Grund vor. Einmal befindet sich das oben beschriebene Wasserzeichen in einem, dem Anfang desselben Jahrhunderts angehörenden Codex, Nr. 858 der St. Galler Stiftsbibliothek, identisch vor. Dieser Codex enthält zwei datirte Stücke, das eine von 1499 (S. 488), das andere von 1504 (S. 243). Das oben beschriebene Wasserzeichen findet sich S. 444 und öfter.

Sodann wird uns von dem vormaligen Besitzer der Handschrift, dem Posthalter Kyd, in den „Historischen Reliquien aus dem ältesten Urbar der Kirche zu Ingenbohl" mitgetheilt, dass zu Anfang des sechszehenten Jahrhunderts in der That ein „Martin von Krientz" zu Brunnen lebte, welcher gar wohl der im „Büechly" angegebene Eigenthümer desselben oder dessen Vater wenigstens es sein konnte.[1]) Dort lesen wir nämlich:

„Anno domini xvc (1500) vnd im vyerden Jare, do han Ich,
„Marty von Krientz, ein Landtmann zů Schwytz vnd sess-
„haft zů Brunnen, Gott dem allmechtigen zů lob . . . . . geordnett
„vnd gesetzt ein Ewig brinnendt Liecht, so da Brinnen sol in
„einer Ampell, In der Capell vff Yngenbol . . . . . "

Ich sehe daher nicht ein, worauf man sich stützen könnte, um die Richtigkeit des dem Manuscripte beigefügten Datums von 1546 in Frage zu stellen, wie solches mir gegenüber ein in der Schweizergeschichte wohl bewanderter Gelehrter gethan hat.

---

[1]) V. Geschichtsfreund, Bd. 2. 1845.

Anders als mit der Handschrift selbst, verhält es sich mit deren Inhalt. Alles spricht dafür, dass derselbe von einem Originale aus dem **vorhergegangenen Jahrhundert copirt ist.**

Es geht solches aus mehreren charakteristischen Merkmalen des Schriftstücks mit zwingender Beweiskraft hervor.

Der Text des Galiffe'schen Manuscripts enthält eine Anzahl sinnloser Missschreibungen, welche nur auf Rechnung eines Kopisten gesetzt werden können, sowie Entstellungen von zumal lateinischen Eigennamen, die dem Verfasser der Schrift selbst, welcher des Lateinischen kundig und nicht aller geschichtlichen Kenntnisse baar erscheint, kaum angemuthet werden dürfen.

Von entscheidender Wichtigkeit war mir aber in dieser Hinsicht die Thatsache, dass in unserem Manuscripte Wörter und ganze Satzwendungen vorkommen, welche nicht dem Jahrhunderte angehören, in dem dasselbe geschrieben wurde, sondern den Schreibgewohnheiten des zunächst vorangegangenen. Die unten stehende Randnote [*]) enthält beispielsweise einige sprachliche Wendungen und Ausdrücke, welche sich durch einen alterthümlicheren Charakter auszeichnen, als er dem sechszehnten Jahrhundert eigen war. Ein Meister des Fachs, Herr Professor Gustav Scherrer, der gelehrte Verfasser des Manuscriptenkataloges der st. gallischen Stiftsbibliothek, welchem ich das Galiffe'sche Manuscript zur Einsicht mittheilte, bestärkte mich in der Ueberzeugung, dass hier die Kopie eines Originales aus dem

---

[*]) So liest man: p. 15 wan es spricht ein meister; p. 17 wan sy hatten ouch in dem selben land; p. 16 thein; p. 15 Coronicken, Coronick; p. 16 alle manott (monat); p. 31 u. passim: vertilgott, gemachott, befestigott; p. 16 ussgeschlagen (vertrieben); p. 19 ungeüpt ertrich (unbebaut); p. 16, 22 und öfter kristenen moentschen; p. 23 ernst (Kampf, Anstrengung); p. 22 u. 23 hörung (Kunde); verfolgen (intransitiv: verabfolgt werden); wiederholt: übertreffen (intransitiv: hervorstechen, gelten); p. 25 türstigen (verwegenen); p. 26 eignen ir büseren (ihren eigenen Häusern); passim: zu synde (zu sein); p. 31 statt halten (aufrecht erhalten); p. 31 kummerlich (mit Mühe, mit Hindernissen); u. s. w.

fünfzehnten Jahrhundert vorliege. Der Umstand also, dass unser Text, der sonst nirgends das sechszehnte Jahrhundert, in dem er geschrieben ist, verleugnen kann, grossentheils doch wieder in die Sprache des fünfzehnten Jahrhunderts zurückfällt, stellt es ausser jeden Zweifel, dass man es hier mit einer Kopie zu thun habe, die im Allgemeinen ein älteres Original wiedergiebt.

Aber nicht allein auf Merkmale formaler und sprachlicher Natur war ich angewiesen, auch der materielle Inhalt des Manuscripts diente mir als Wegweiser, um über das Alter des Textes in's Klare zu kommen. Ich habe nämlich den Inhalt des Galiffe'schen Manuscripts in einer im Berner Staatsarchiv liegenden, authentischen Kopie des Landurbars zu Meiringen gefunden, welches — es ist das dreizehnte Aktenstück — eine Chronik von Oberhasle aus dem Jahre 1534 enthält. Diese sog. Hasler Chronik ist der Galiffe'schen Handschrift im Wesentlichen ganz gleichlautend. Auch sie trägt die untrüglichsten Kennzeichen einer blossen Abschrift an sich.

Im Weitern erscheint die Erzählung, welche das Galiffe'sche Manuscript enthält, in dem am Anfange des XVI. Jahrhunderts veröffentlichten Chronikon des Johannes Nauklerus ihrem wesentlichen Inhalte nach angeführt.

Ja schon am Schlusse des fünfzehnten Jahrhunderts verwob Nicolaus Schradin, Stadtschreiber zu Luzern, die nämliche Erzählung vom Herkommen der Schwyzer in seine versifizirte Beschreibung des Schwabenkrieges.[3]

Mir ist aber zu alledem in letzter Zeit ein anderes, im Jahr 1497 geschriebenes Dokument bekannt geworden, dessen Inhalt so sehr mit demjenigen der Galiffe'schen Handschrift übereinstimmt, dass der flüchtigste Einblick genügt, um sich von der Identität beider zu überzeugen. Es ist dies ein über die Her-

---

[3] Gesch.-Freund, Bd. 4. 1847.

kunft der Schwyzer und Hasler handelndes, bisher wenig beachtetes Manuscript. Dasselbe wurde von dem Nürnberger Chronisten Hartmann Schedel[4]) in einem von ihm gefertigten Sammelbande, zuerst lateinisch, dann deutsch eingetragen. Der Schedel'sche Sammelband befindet sich als Codex Nr. 951 auf der Königl. Bibliothek zu München. Ich werde unten einlässlicher auf denselben zurückkommen.

Auch die Schedel'sche Handschrift ist eine blosse Kopie. Sie leistet aber für sich allein und vermöge ihres blossen Daseins schon den Beweis, dass das der Galiffe'schen Kopie von 1546 zu Grunde liegende Original älter ist als das Datum, welches jene Abschrift trägt, und dass die Entstehung des Originales mindestens in die zweite Hälfte des fünfzehnten Jahrhunderts zurückverlegt werden muss.

Fassen wir zusammen, was wir über die Kopien der Schrift vom Herkommen der Schwyzer angeführt haben, so besitzen wir demnach, neben der Genfer Handschrift, noch zwei weitere Texte, den Hasler und den Münchner Codex, im Ganzen also drei.[5])

---

[4]) H. Schedel, geb 1446 zu Nürnberg, studirte 1462 in Leipzig, wo er mit Heinrich Stecker der Schüler des berühmten Humanisten Peter Luder war. Später bereiste er Italien, widmete sich in Padua der Medizin und wurde Doktor dieser Wissenschaft. Anno 1473 kam er als Physikus nach Amberg, endlich nach Nürnberg, wo er von 1484—1514 als Arzt praktizirte. Er war ein Freund und Beförderer der klassischen Litteratur. Besonders aber zogen ihn die historischen Studien an. Ueberall auf seinen Reisen sammelte er Antiquitäten. Er schrieb selbst mehrere Werke. Am berühmtesten ist seine Allgemeine Geschichte geworden, die unter dem Namen Chronicon Norimbergense bekannt ist.

Vergl. Hagen, »Deutschlands litterarische und religiöse Verhältnisse im Reformations-Zeitalter«. Erlangen, 1841.

[5]) In Schedel's Manuskriptenband, Cod. Mon. Nr. 951, geht der deutschen Geschichte von der Herkunft der Schwyzer und Hasler eine lateinische voran, welche den Titel führt: »Cronica unde Suitenses et quaedam alia pars confoederatorum eis annexa venerunt ad illas partes (ubi) iam morantur«. Auf den ersten Blick scheint es, als ob Schedel hier dem

Der Münchner Codex ist der älteste, er datirt aus dem Jahre 1497. Ihm folgt der Hasler aus dem Jahre 1534 und auf diesen der Genfer Codex, der jüngste, aus dem Jahre 1546. Kürze halber werde ich die Münchner Handschrift mit M, die Hasler mit H, die Genfer mit G bezeichnen.

Bei Beantwortung der Frage, welche dieser drei Handschriften soll, als den Originaltext der Schrift am treuesten wiedergebend, veröffentlicht werden, musste ich mich nach der sorgfältigsten Vergleichung aller drei Copien in formeller und materieller Beziehung für den Abdruck der jüngsten, d. h. der Genfer Kopie entscheiden.

Hier die wesentlichen Gründe für diese Entscheidung.

Bereits habe ich oben angedeutet, dass die Handschrift G der Erzählung von der Herkunft der Schwyzer und Hasler und von ihren ältesten Feldzügen eine Vorrede voranschickt und ein Nachwort nachfolgen lässt. Codex H lässt das Nachwort gänzlich fallen. Das Vorwort hat er dagegen beibehalten; allein hier ist vom Abschreiber, der allem Anscheine nach ein Berner war, die Dedikation an „die loblichen Lenderen Schwyz und Hasle"

---

lateinischen Original die deutsche Uebersetzung habe auf dem Fusse folgen lassen. Bei näherer Untersuchung stellt sich aber gerade das Gegentheil heraus. Weit entfernt für uns von irgend einem Werthe zu sein, ist dieser lateinische Text nichts anderes als eine, von Schedel selbst und zwar ziemlich oberflächlich gefertigte Ueberarbeitung des nachfolgenden deutschen. Laut seinem ausdrücklichen Zeugnisse hatte Schedel eine deutsche Schrift vor sich, die er dem Sinne, nicht aber dem Wortlaute nach excerpirt und lateinisch wiedergegeben hat. Nachträglich hat er, zur inhaltlichen Ergänzung seiner Uebersetzung, den Originaltext, soweit er geschichtlichen Inhalts und für ihn von Interesse war, auch noch abgeschrieben Mir scheint wenigstens die hierauf bezügliche Stelle (»Scripsi Ego Hartmannus Schedel etc. ex libro mihi commendatissimo plus ad sensum quam ex verbis, ideo theutonicum subjunxi«) keinen andern Sinn zu haben. Uebrigens wird diese Auslegung der Stelle durch die Vergleichung der beiden Texte auf's Zutreffendste bestätigt. Wir dürfen daher fortan Schedel's Uebertragung in's Lateinische gänzlich ignoriren, um uns nur an den deutschen Text zu halten.

in eine solche an die „Edle und Hochwürdige Statt Bärn, gelegen im mindern Burgund und ettlichen Irenn Hindersässen" umgewandelt worden. Ferner weicht der Codex H von den Handschriften M und G darin gänzlich ab, dass er jene Stellen des Originales unterdrückt, die auf katholischen Anschauungen beruhen. Der reformirte Berner vermied Alles ängstlich, was nur im Mindesten eine der katholischen Kirche oder ihrem Oberhaupte zugedachte Huldigung enthielt und daher den Abschreiber in den Geruch papistischer Gesinnungen hätte bringen können. Er verleugnet seine katholische Quelle so beharrlich, dass er dem Papst den Beinamen „heiliger Vater" ebenso oft verweigert, als die Manuscripte G und M ihm denselben ehrerbietig beilegen. Auch davon will der neugläubige Abschreiber nichts wissen, dass den Schwyzern und Haslern als Anerkennung für die grossen Dienste, die sie in Rom dem Reich und der Kirche geleistet, des Papstes Segen zu Theil geworden sei. Dass unsere Vorfahren sich nicht am wenigsten durch die ihnen gebotene Aussicht auf Erlangung eines vollkommenen Ablasses zu jenem angeblichen Römerzuge haben bewegen lassen, das hat der Codex H vollends mit Stillschweigen übergangen.

Was den sprachlichen Charakter der Handschrift H anbelangt, so hat der bernische Abschreiber, obschon er zwölf Jahre früher copirte, sein Original den Schreibgewohnheiten des XVI. Jahrhunderts weit mehr angepasst, als dies in Handschrift G geschehen ist. Die Archaismen der Vorlage, welche G grösstentheils beibehielt, wurden in H meist ausgemerzt und an zeitgemässere Sprachformen getauscht. Die Handschrift H schreibt z. B. menschen nicht moentschen, monatt nicht manott, do wurben sy, nicht do wurbentz, mächtigesten nicht mächtigosten, u. s. f. Man ersieht daraus, dass der Schreiber des Manuscripts H sich allerlei, wenn auch nicht gerade wesentliche, doch den Urtext verstümmelnde und entstellende Aenderungen an demselben vorzunehmen erlaubte. Das Manuscript G ist ihm daher, als den Urtext materiell und formell treuer wiedergebend, jedenfalls vorzuziehen, obgleich es jüngeren Datums ist.

Zu Codex M übergehend, muss ich vor Allem bemerken, dass er in formeller Hinsicht unfraglich die Schreibweise des fünfzehnten Jahrhunderts, beziehungsweise seiner Vorlage, in manchen Stellen treuer wiedergiebt als G. So schreibt Cod. M. consequent: vntz statt bis, nu statt nun, welli statt welche, meist auch Sweden, Switz statt Schweden, Schwitz, ferner verzwiflot statt verzwiflet, u. s. w. Er hält sich auch meist an die periphrastische Form des Imperfectums vom Hülfszeitwort mit dem Infinitif des Hauptverbums, anstatt einfach das Imperfectum (historicum) zu gebrauchen, z. B. was inen geben, statt gab inen, warent empfangen, statt empfiengent, was lassen ertotten, statt liess tötten, u. s. f. Die Titel der einzelnen Abschnitte der Schrift tragen in M weit mehr den Charakter der primitiven Fassung des Originals als die Titel in H und G.

Codex M ist um ein halbes Jahrhundert älter als die Handschrift G und man sollte meinen, dieser Umstand wäre allein schon entscheidend, um dem Codex M vor G den Vorzug zu geben. Dennoch halte ich es für durchaus angezeigt und gerechtfertigt, wenn ich meiner Textveröffentlichung die Handschrift G zu Grunde lege.

Hier kommt nämlich vor allem in Betracht, dass die Handschrift M Vor- und Nachwort, welche sich in G vorfinden, gar nicht aufgenommen, sondern sich auf die blosse Reproduction der Geschichtserzählung beschränkt hat. Vor- und Nachwort sind aber ursprüngliche, wesentliche und integrirende Bestandtheile der Schrift selbst. Sie dürfen aus einer Schrift, deren Zweck es gerade war, die Schwyzer und die Hasler und ihre alte Freiheit und Unabhängigkeit zu verherrlichen und die Eidgenossen zu ermahnen, allezeit und allerwegen einander treu zu sein und sich beizustehen, selbstverständlich nicht weggelassen werden. Die Handschrift G ist demnach in dieser wichtigen Beziehung die vollständigere, originalere und daher vorzuziehen. Allein es sprechen noch andere Gründe zu ihren Gunsten.

Wenn dem schweizerischen Abschreiber der Handschrift G auch nicht nachgerühmt werden kann, dass er seine Aufgabe immer mit derjenigen Genauigkeit und mit dem Verständnisse löste, welche wir an ihm wünschten, so verdient er doch das Zeugniss, dass er im Copiren gewissenhafter und sorgfältiger zu Werke ging, als sein Vorgänger in Nürnberg. Die Handschrift M ist stellenweise mit einer solchen Flüchtigkeit gefertigt, dass sie ohne Beiziehung der Parallelstellen der zwei andern Handschriften ganz unverständlich erscheint. Nicht nur einzelne Worte, sondern ganze Zeilen sind in der Eile des Abschreibens übergangen oder an unrichtige Stellen versetzt worden.

Diese Erwägungen waren es denn auch, welche mich schliesslich bewegen mussten, nicht die Handschrift H oder M, sondern die jüngste, also G, abdrucken zu lassen. Dieselbe ist freilich auch nicht überall correct. Sie hat namentlich in sprachlicher Beziehung hin und wieder neologisirende Aenderungen erlitten. Wo es sich bloss um offenbare Verschriebe und Abschreiberungeschick handelte, habe ich solche Versehen unbedenklich im Texte selbst berichtigt. Wo ich aber annehmen zu dürfen glaubte, es enthalte eine der beiden anderen Handschriften die ältere, ursprünglichere Form, oder es trage deren Lesart zum bessern Verständnisse einer bei G dunkeln Stelle bei, ermangelte ich nicht, Varianten von H oder M unten am Rande in Anmerkungen beizufügen.

Ich lasse nun den Abdruck der Genfer Handschrift folgen.

II.

Abdruck der Genfer Handschrift.¹)
"Ueber den Ursprung und das Harkommen der Schwyzer und Oberhasler."

In dem namen des gütigen milten und barmhertzigen Jesu Cristy und syner lieben müter Maria und unsers patronen Sant Martys²) so han ich fur mich genommen und etwas müt³) hye nach zu schriben und daß selb von Latin zu Tütsch transferiert⁴), in eeren der edlen und loblichen lenderen Schwytz und Haßle, gelegen in den gebirgen obertütschen landen, von den eren und manlykeyten, so ir alt vorderen volbracht, ouch große frihet mit riterlichem stryten erholt, enpfangen und verdient, und ander ir miteignossen und getruwen brüderen, als ich das hie nach in eygentlicher lütrung nach sag alter coroniken setzen und schribend. Und thün das darum, daß sy in aller trüw und einhelykeyt sich halten, als ouch ir vorderen hand gethan, und gegen denen so sy trüw schuldig sind und verheissen hand. Wan es schricht ein meister mit namen Polycratus⁵) in synem sechsten buch an dem sibenden capitel, das die Römer vor alten ziten waren in mächtiger sterky wider alle weltschen, wie vil ir doch warend, sy waren ouch wider die Tütschen, wye gros und wie stark sy waren, sy waren ouch wider die creft der Hispanier und die lender Africa. Das was und beschach alles durch ir trüw und wißheit, so sy under inen selbs hatten und bruchten.

---

¹) Bei userm Abdruck der Chronik haben wir die Willkürlichkeiten ihrer Schreibart in Bezug auf grosse und kleine Buchstaben und Verdoppelung besonders der auslautenden Consonanten beseitigt, auch die Zeichensetzung lediglich nach dem Sinne des Textes besorgt. — ²) Die Handschrift H beginnt: »Im namen der hohen, helgen und unzertheylten dryvaltikeit, Gott des vaters, Gott des suns und Gott des helgen geists, amen«. — ³) »muostt« G, »muett« H. — ⁴) »transflorirt« G. — ⁵) Nach Tschudy's Gallia comata; »Stolitratus« G.

Und harum ob ich in disem minem schriben an theinem artikel
punckten oder wort nit volkommen wer, so bit ich alle, die das
lesend, mir das zu gutem uf ze nemen⁶); hab ich aber daß wol
gesetzt, das Gott dem allmechtigen zů ze legen, der ouch durch
solich getadt und manheit, so hienach geschriben synd und be-
schechen, sol gelobt und geeret werden.

Von der gsatz, so zu dem selben zit was in dem land Sueden und Friesen.⁷)

Man vindet also geschriben, das in den zyten, do küng
Gißbertus uß Schwedien und Christoffel der graf von Ostfryesen regyirten in denen stetten und landen, dů stůnd uf ein semliche
thüre und mangel an lyplicher spiß, da mit sych die moentschen
solten spysen und erneren in denen landen Schwedyen und Ostfriesen, daß vil lüten vom grosem hunger synnloß wurden und
zum letsten niderfielend und sturbend. Durch sölich groß not
und schwerer sachen willen, die ouch also lang werten, waß der
obgenempt kung Gißbertus berüffen und beschyken die gewalti-
gosten und die mechtigosten sines kungrichs, und mit namen es
weren ritter, edel, burger oder ander gemeinder, und hat in
dysen dingen iren rat und wurden einhellenklich zů rat durch das
gantz kungrich, es were in stetten, lenderen, dörferen, burgen,
höfen, in berg und in tal, man sölte ein gebote machen und das
selb gebot ouch also verkunden, daß alle manot ein mal, uf wen
das loß ankem, so sy gemachot hatten, an einem vyely, ein yet-
lich man, wer der wery, solt mit allem sinem hußgesynd, so
einer denn hetty, es werend wip, kinder ouch alle varende hab,
es werend fych oder anders, nützit ußgenomen, von dem kungrich ziechen, als ob man in hett ußgeschlagen, one alle gnad

---

⁶) »ze nemen« fehlt in G. Wir ergänzten es aus H. — ⁷) Diese Ueberschrift ist dem Codex M entlehnt. In G beginnt der erste Abschnitt ohne
Ueberschrift.

und kein miltikeit hieryn zů sůchen, und wo das nit beschech, so solte er syn houpt verloren han und die synen nüt dester minder von dem land getriben werden. Diß gebot und gesatzt ward von dem mintsten biß uf den grösten also gemeinlich gesetzt, das darwider niemantz thůn solt, sunder daß halten by dem kunglichen gebot und pen, alß vor stat. Dise gebot und gesatzt waß mengem man und mentschen gar unkomlich scharpf und hert, und ward doch fil zyten gehalten. Dennocht mocht der groß mangel und thüre ouch hunger und ellend nit ußgerütt noch vertriben werden. Harum mit allen denen, so vormals an dem rat warend, waß der obgenampt kung die selbigen statut und gesatzt sterken und meren zů glicher wiß, als vor, daß man alle wuchen solt den zechenden moentschen, also das loß vorwärts gesetzt, ußtriben und ußschicken, und warend die ding also wegen und schetzen, daß es besser wery, daß die übrigen gesunt beliben, denn daß sy alle gemeinlich solten verderben oder aber synlos werden und darnach sterben. Die wil aber under zwen bößen dingen alwegen daß besser sol userwelt werden und fürgenommen werden, vermeinten sy, daß sölich ir fürnemen und ußtriben mit dem loß besser und nützlicher syn, denn die verderbung der gantzen gemeind. Und do nun sölich ußtribung der lüten des zechenden menschen lange zit gewert hatt, do wurdend sych die selben ußgeschlagen und vertribnen lüt uß dem land Schwedien und Ostfryesen und alles volcks über sechs tusend und vil mer versamlen⁸), als das uswiset und anzeigt die coronick Alfonsy uß Fryesen land gesetzt und gemacht, die denn in der zal hatten tusend und zwei hundert, one frowen und kind, wan sy hatten ouch in dem selben land semlich statut und gesatzt gemacht. Diß obgeschriben folck kamen zůsamen in irem grosen unfall, als sy dů zů mal hatten, und warend all in irem

---

⁸) Das Wort «versamlen» fehlt im Msc. und ist aus der H Handschrift ergänzt. M hat «besamman».

gemüt verzwiflet und gantz betrůpt über alle mass in grosem
kummer und hatten under (inen?) ein ander rat, wie sy in irem
ellend welten wandlen, und machtend einen pund und verhiesend
by ein anderen zu bliben an allen enden, es were uf dem mer,
uf dem land, in berg, in tal, in alpen, in wasser, in byrgen, in
flůn, in holtz und in feld, in gewitter und ungewitter, in glück
und in unfal und lieb und leid mit ein anderen halten, was inen
Gott zů fügen wurd.

Do sy sich nun also zusamen verbunden, verpflicht und ver-
einbart hatten und all ellend verschmecht und aller welt unwert
warend und in groser armůt, do fyengend sy an und beroubeten
die nächsten stett, burg und schloß, ouch dörfer one alle er-
bermd und begunden also in demselben ellend gar vil lüten an
sych ziechen, die stark waren, und sich also an groser sterky
meren, daß sy zugent wit und breit und inen nieman widerstand
thun mocht. Do kerten sy sych an den Ryn deß wassers
und zugend den haruf, als das Plinius, ein groser poët und
dichter schribt in syner coronick. Do waß Priamus und Peter
von dem moß, all beid fürsten und herzogen uß Franckrich;
dieselben wolten inen die weg für gan mit einem grossen zug
und sy anvallen und bestriten. Daß vertriben volck uß Schwedyen und Ostfriesen erwalten under irem volck dry houptman
gemeinlich, doch daß under den drien einer sol der oberst sin
und über die andern zwen, und waren diß dry der houptman
namen also genampt: der erst hieß Schwythernus[9]) mit synem
gesellen Remus genampt; all beid uß Schwedien warend die
obersten houptman, der dritt houptman hieß Wadißlaus von
einer statt mit namen Haßnis[10]); die selb statt lit zwüschen dem
land Schwedien und Ostfryesen. Und als die vorgemelten houpt-
lüt ußerwelt wurden von irem volck, do wurden sy all einhellig
und sych damit Gott empfelchen und dem glück dyser welt und

---

[9]) H schreibt Switzerus. — [10]) H schreibt Hasius.

kerten sych gegen dem volck, die wider sy warend, den Franzosen, dero ouch zů vier malen mer waß, dann iren, und griffend die selbigen frölich und unerschrocken in schneller wiß, one alle forcht eins gemůtz und guten willen, manlich [11]) und unverzagt. In dem selbigen sach sy daß glück an von Gott, daß inen gelang und oberhand gewunnend und ein teil des volcks erschlugen; ein teil die fluchen und entrunnen. Darnach teilten sy daß gut deß erschlagnen volcks under sych gemeinlich und truwlich und zůgend darnach den Rin uf und kamend nachdem in ein land genampt daß gebrochen byrg oder Frackmund in dem Herzogthum Oesterych, und warend da in berg und in tal, in alpen, in flün, in wasser und allen enden deß landes, und suchtend wonung und stett, da sy möchtend belyben, und bedůcht sy die gegny und wonung des selbigen lantz wery irem land glich, da sy vormals warend ußgeschlagen und sy ouch vormals ir wonung hatten gehept in den bergen. Und als sy inen selbs hatten userwelt, wo iederman an dem selbygen end wolt syn wonung haben, so wurbentz und begerten an den grafen von Habßpurg zů den selben ziten, in deß land sy ouch do zů mal warend, daß er inen erlouben und gönnen wolt die walstett, berg und tal zů růten und zů husen, daß sy ir wonung da möchtend haben, wann es vormals wild und wůst waß und niemantz vormals da wonhaft waß gewesen. Sölich ir bytt und begeren was er sy erhören und früntlich geweren. Darnach viengend sy an zů růten und rumen stein und dorn und das ungeüpt ertrich zů buwen und darnach zwyen, säyen, schniden und meien mit ir arbeit und grosen flyß, den sy hatten zů dem land, daß sy deß gar wol genussen, ouch das land allenthalb daselbs gar fruchtbar ward und sy sych gar wol möchtend erneren. Darnach wurdend sy sych bestäten an irem verheisen und gelupten, so sy ein anderen hatten gethan, und schlůgend alle vorcht irs hertzen von in und warend die

---
[11]) namlich, H.

landschaft, do sy in waren, under ein anderen zerteilen, als das
hie nach luter geschriben stat.

**Dye zerteylung und wie sy von einanderen schieden
in yr wonungen, vindet man hie nach in eygentlicher
lütrung geschryben.**

Schwyternus, geboren von der küngklichen statt Schwedyen
also genampt, ir oberster houptman, und syn mitgesell Remus
ward das land des gebrochnen gebirgs oder Freckmund, zů den
selben zyten also genampt von des bergs wegen, der do geheisen
ist Frackmund, da Pylatus sew uf ist, als man gemeinlich spricht,
und namen daß in [11]) bis an die lampartischen gebyrg und alpen
mit irem volck, so sy denn uf die selben zyt hatten. Stoßt ouch
das selbe land uf die rechten syten gegen dem lampartischen gebirg das minder Burgund, zu der lingen syten stoßt an das selb
land daß herzogthum Schwaben. Aber der tryt houptman mit
dem namen Wadißlaus, geboren von der loblichen statt Haßniß,
als obstat, der nam in das tal enet dem schwartzen gebirg, das
man uf die zit nempt der Brünig, an dem ursprung des wassers
genempt die Aar, das man ouch uf die zit nemmet Haßle, von
etlicher verwandrung halben der vorgenampten statt Haßnis, von
derselben statt der houptman waß geboren Wadißlaus. Und sy
das selb end bedůcht ein gut fruchtbar flecken und end und ein
gut land, und alle frucht da geren wůchs. Da vieng daß volck an
zů buwen und ir wonung da selbs zů haben.

**Wie die von Schwitz und von Haßle darnach in helfens
wiß den krystelichen glouben zů Rom, der lang
vyl nach vertilget und ergangen waß, behept
und wider ufbracht, dorum sy ouch ir
zeichen erholt und erworben hand.**

Danach in etwaß zitz vergangen und besunder in dem zyt,

---
[11]) Verbessert nach H. In G heisst es »und in nemett«.

do man zalt von der geburt unsers behalters Jhesu Crysty dryhundert achzig und syben jar, do Theodosyus der kristenlych keiser, der elter, ein grosser liebhaber der kristenen mentschen, von dem der heilig (Sanctus) Ambrosyus gros lob und eer schribt, als nun derselb dry jar regiert und das keiserthum besessen und aber fünfzig jar synes alters waß, do schied er von diser zyt. Der erst genampt keiser Theodosyus verließ zwen sün, die nach im das keiserthûm regierten, der ein hies Honofrius, der ander Archadius. Der erst genampt Honorius regiert den teil der welt gegen der sun undergang; aber der ander hat under im den teil gegen der sunnen ufgang. Also under den zweien keiseren wurden sych die Römer uf die selben zit widerwertig machen und wider die zwen keiser sich stellen und von dem crystenlychen glouben stan und wider den zů syn und tedten das mit hilf eines grosen fürsten und herren, der aber ein heiden waß, mit dem namen Eugenius. Der ietz genampt Eugenius, der heidisch fürst, wolt rechen den tod synes vaters ouch mit dem namen Eugenius, den der genampt Theodosyus der elter cristenlich keiser hat erschlagen in den birgen Apulie den alpen, als das schrypt Claudianus Florentinus, der poet eigentlichen, und understunden die zwen brûder, die das keyserthum regierten, als obstat, mit dem babst Anastasyo zů vertriben und den heiligen crystenlichen glouben zů vertilgen und zerstören. Der selb heylig vater, der babst, ouch die zwen vertribnen keyser von der statt Rom, sûchten schirm und hilf allenthalben in der welt, wo sy das konden erfragen. Am letsten fundent sy einen cristenlichen küng der Gotten mit dem namen Radagusium¹³) der ouch inen zů hilf kam mit einer grossen vyly und mengy eines volcks, und zog der selb kůng gan Rom mit grosser macht und starckem volch. Do wurd der selb krystenlich kung ellenklich und ermklich überwunden und erschlagen, als daß Plynius und Johannes

---

¹³) »mit dem namen Radagusium« aus Handschrift M ergänzt.

Francyscus Petrarcha von Ancysa¹⁴) witer schribend und davon sagend in yren coronicken, wie der küng Radagusyus in hunger, turst, frost und ellend ertöd wart, aber syn volck, die nit erschlagen warend, verkouft zů glicher wiß als das vich. Archadius, der arm keiser, waß zů Constantinopel mit dem heiligen babst Anastasyus und schieden in demselben und dazwüschen beid zů diser zit. Demnach waß Theodosyus der jünger, des genempten Archadyus sun, das keiserthům wider Orient, synes vaterß teil, besitzen, und der babst Innocentius und nach Innocentius Zosimus¹⁵) der babst was ußwendig der statt Rom die heiligen kylchen kränklych und ärmklich wider ufbuwen und enthalten¹⁶). In dem selbigen stůnd aber uf ein cristenlycher küng, mit dem namen Alaricus¹⁷), aber ein küng der Gotten, der waß deß vorgemelten küngs Radagusyus sun. Der selb understund sych der heilygen krystenlychen kilchen und deß heilygen krystenlychen gloubens wider uf ze bringenn und den zweien cristenlichen keiseren zů hilf zu kommen, ouch den ellenden, verschmächten tod synes vaters zů rechen, und berufft alle syne fürsten in synem kungreich und alle cristenen möntschen mit hilf deß heilygen vaters des babstz Zosimi¹⁸), und berüfft darnach alle krystenlüten. Mit den zweien keiseren Honorius und Theodosyus dem jungen soldner besamnet er. Nun begab eß sich¹⁹) zu dem selben zit also, das sy vernamen in sycherlicher und warhaftiger hörung von einem volck, die ouch cristenlüt werend und ouch streng stritbar lüt und manlich und starck volck werind, gantz wol uf striten und fechten geneigt und unüberwintlych funden, und aber gesessen in den byrgen und alpen in dem land des gebrochnen gebirgs und ein teil in einem tal deß gebirgs by dem wasser genampt die Aar an dem ursprung. Der vorgenampt babst Zosimus mit dem küng Alaricus und mit beiden

---

¹⁴) Lanzysa, G. a. H. — ¹⁵) Zessinus, H. — ¹⁶) M: uff enthalten. — ¹⁷) H: Alaritus. — ¹⁸) Zesynio, H. — ¹⁹) M: »Nu schick es sich«.

keiseren, nemlich Honorio und Theodosyo dem jungen, wurbend durch ir treffenlichen botschaft zu dem selbigen volck um ir anlygenden not mit sold und grosen gaben inen zu verheisen, daß sy inen zů trost und hilf welten kommen; und ward also die bäbstlich und keiserlich botschaft zů beiden enden geschickt zů den von Schwitz und von Haßle [20]) und solt ouch da by entweder [21]) teil von dem anderen gescheiden syn, wann es inen ouch ein botschaft waß von dem babst und den zweien keiseren.

Wie die von Schwitz und von Haßle vernamen die bäbstlich und keiserlich botschaft.

Als nun die landlüte von Schwitz und von Haßle vernamen den grossen ernst und not, so der heiligen kristenheit anlag, do warend sy den selbigen boten groß zůcht und eere anbieten und sich inen angentz erbieten, mit gůtem geneigtem willen als ufrecht gehorsam gewar cristenlüt und helfer zů syn, den heiligen kristenglouben zů behalten und getrüw diener des heiligen vaters des babsts [22]), und gedachten an mengerley vergangner sachen und an den grossen mangel, so sy gehept hatten in dem vertribnen land, ouch ir groß ellend, so sy in mengem weg erlitten hand, und die grosen fräfenheit, so sy begangen hatten mit grosem schaden zů thůn an mengen enden, an lib und an gůt. Sy gedachten ouch, daß sy billicht solten undertenig sin irem obersten herren, geistlich und weltlich, um deß willen, daß inen möcht vervolgen gnad und aplas ir grossen sünden; und harum wolten sy gehorsam syn Gott und dem mentschen, denen ouch semlicher gewalt von Gott und der welt waß geben, und zugend also mit yro werinen zů dem kung Alaricus in dem namen Gotteß mit dem selben kung gan Rom, da sy ouch den heiligen vater,

---

[20]) H:„Zu den Schwitteren und zu denen von hassle». — [21]) einweder. — [22]) Statt «des h. vatters des babsts» schreibt H: «des römischen Rychs».

den babst, und den zweien ceiseren zů willen wurden in iren grosen nöten mit riterlicher macht und gewalt.

Wie der kung Alaricus mit sinem volck und darnach mit denen von Schwytz und von Haßle die statt Rom belagert.[23])

Der vorgenampt kung Alaricus mit synem volck so er hatt, und mitt dem volck, so im zů hilf zů zogen waren, belegert er die statt Rom mit namen. Ordnet er den houptman von Haßle, mit namen Wadißlaus, mit synem volck so wenig an ein ende, ist genampt die hůt prugg[24]), zu ligen, und ist von der statt Rom als wyt, als eine halbe lampartysche myl; und die anderen zwen houptman, mit namen Schwythernus und syn mitgesell Remus mit irem volck nam er zů synem volck, und leit die an die Thyber zů dem wasser für die vorstatt, die da geheisen ist die Lonnstatt (Leonstatt)[25]), und also waren die zwen houptman Schwiternuß und (syn) mitgesell Remuß mit irem volck den vorstrit haben und luffend die statt so ungestůmcklich an, daß sy die muren erstiegen, ouch die zinnen und die thůrn, wie hoch sy waren. Ouch griffend sy die statt und daß volck so treffenlich und erntschlich an und warent sy bestryten und befechten als die wilden löwen und mächtigen risen, und überkamen so die Lönnenvorstatt (Leonsvorstatt)[26]). An dem selben end sy ouch one zal vil lüten der heiden und ungloibigen erschlugen, und gewonnen da zwölf fürsten paner, die ouch der fürnemesten herren der heiden und vienden, so der babst und die keiser hatten, waren gesyn, als

---

[23]) M: »umblegent«. — [24]) M: »lindbruck« (pons mollis). H: »huttbrügg«. — [25]) »löwinstatt«, M. — Nachdem Rom i. J. 846 durch die Sarazenen verwüstet worden war, wollte sich Pabst Leo IV. gegen künftige Raubzüge derselben schützen, indem er das rechte Tiberufer befestigte; das vatikanische Feld im engern Sinne, welches ein unregelmässiges längliches Viereck bildet, wurde von einer Mauer umschlossen. Seit dieser Zeit hiess dieser Theil der Stadt Rom: civitas leonina. — [26]) M: »Löwen vorstatt«.

die coronick Martiniana daß eigentlichen ußwiß und lütert. Und war vil volcks der Schwytzeren von den heiden erschlagen und der merteil wund uf den tod. Aber der almechtig Gott, in deß namen sy stritten, gab inen den syg und oberhand und behůben daselbs den platz und die statt. Do nun der kung mit denen von Schwitz und ouch den synen in sölichen grossen nöten waß und in angsten stůnd wider die heiden, do waren die ir mit ritter und geselschaft, die türstigen und unerschrocknen mechtigen lüt von dem land Haßle, der houptman mit synem volck, lassen den zůschub des frömden hörs, daß inen der kung Alaricus hatt zůgeben uud schickten sich gegen der Engelburg unerschrocken denselben iren hůte zů louffen, wie wol dieselben hůte alwegen wol versicheret warend mit lüten und mit werinen, daß inen als ernst was und angst, den iren mitgesellen und getrüwen brüderen von Schwytz zů hilf zů kommen, daß ein ietlicher für den anderen trang, daß inen der syg möcht werden. Aber die zwen keiser mit irem volck, die lagend gegen dem teil mittag. Die selben zugen ouch gegen der Engelbrugg[27]) und übervielend also die Römer und viend und zwungend sy mit grosser not und mächtigem striten, daß sy begonden abziehen. In dem selben sturm und nöten waß der heidisch fürst Eugenius mit einer unzalbaren grosen schar deß volcks der Römeren und heiden erschlagen und zůgen die heiden und die Römer wider die riterlichen vächter von Haßle in der Tiberbrugg, die lang und hoch was und noch ist, als alle die, so da gesyn sind, noch hüt bitag wol segen mögend[28]). Da ouch die selben stritbaren ritter von Haßle (den selben)[29]) platz behůben, da der gemelt heidisch fürst Eugenius mit einer grosen schar sines volcks erschlagen wart, daß es allenthalben voll todter lüten lagen in der höchy der muren der Tibur, da wurden ouch so vil hinab in die

---

[27]) H: »Engelburg«. — [28]) M: »noch hüttitag wol mugent sechen«. —
[29]) Diese zwei Worte, ausgelassen bei G., finden sich bei M und H.

Tyber geworffen der toten lüten, daß daß groß wasser gantz blůtfarb und rot ward von den erschlagenen heiden und darnach durch die gantzen statt Rom mit erschlagenen lüten überleit allenthalben in allen strassen. Und als nun dem crystenlichen kung Alaricus nach syner begird waß gelungen mit synem volck, so er by im hat von Schwitz und von Haßle, und gerochen hat mit grossen eren den tod synes vaters, do ward er in grosser grimmickeit bewegt un in zorn und ließ die fürnemesten und mechtigosten herren von Rom töten, die vormals in dem stryt nit warend umkommen, und ließ sy für eignen ir hüseren erhenken und an die zinnen. Welche aber warend geflochen in die kilchen als kristenlüte und da gnad begerten, die wurden nit getödt, und ward inen gnad gethan von derselben hertykeyt, so der cristenlichen kung Alarycus den Römeren erzeigt, schrybt Francyscus Petrarch [30]) in syner coronick oder in dem Buch, das da ist geheisen Augustaliß. Nun umb der ursach willen, daß der heilig cristenlich gloub, der gar nach waß gantz undertruckt, vertilgot und ußgerüt worden, do waß der almechtig barmherzig Gott syn gnad und mitwürkung darzu senden [31]), da er zeigt, daß ein sölich klein volck wider den tüfel und syn mithelfer, deß verkerten hundischen volcks den heiden und Türcken denen von Schwytz und von Haßle semlich frölich und manlich überwindung [32]) geben, dorum sy zů ewigen ziten sollend Gott lob und danck sagen·

Hyenach vindet man, wie sy gelassen, belonet und gefriet worden sind umb ir manheit, Schwytz und Haßle.

Als nun diser manlich stryt so mit grossen eren vollbracht [33]) und zu end kommen ist mit grosen froeiden der Cristenen und

---

[30]) H misschreibt ebenfalls »Franciscus Patriarcha«. — [31]) »darzu senden« fehlt in G und ist nach H ergänzt. M: »sein würkung do erzeigen«. — [32]) M: »überwindnuss«. — [33]) M: »verbracht«.

allen Gottz fründen, und aber der heilig vater der babst mit den
zweien keiseren aber frölich und mit grossen eren in ir besyzung,
da sy vormals vertrieben warend, ietz rüwig wiederum komen
warend durch die grossen manheit und überwindung, wurden die
zwen von dem land Schwytz und von Haßle[34]) berůft und beschickt mit iren soldneren und knechten, die sy da by inen hatten, für die herren, den babst und die zwen keiser[35]), — und wer
ritterlichen stritet, der sol ouch mit der kron der eeren belonet
und bekrönt werden, — und begerten von inen zů wüssen und
zů vernemen, waß sy von inen zů lon und sold vorderten, und
danketen inen yr ritterlichen und manlichen getadt und strytens.
Der edel hochgeboren Schwyternuß der houptman erfůr an synen
mitgesellen, knechten und dieneren die heimlichkeit irer gemü-
ten und hertzen, waß sy welten höischen und vorderen. Do wurdent sy all einhellig zů rat, sölich[36]) Antwort inen zů geben[37]):

„Also syd dem mal[38]) die vernuft uf ir hat und gerechti-
keit, daß wir getouft synd in dem waßer des kristenlichen toufs
und gekryßmet, als crystenliche satzung wyßt, und durch den so
den kristenlichen touf hat ufgesetzt und uns erloßt von dem ewigen todt, und wir durch sinen glouben behalten mögend werden,
durch denselben crystenlichen glouben wir beruft synd, den helfen beschyrmen, — bedunckt uns, daß wir in semlichen zimlichen
anmůtungen billich bereit und gehorsam gewesen syend unserem
aller heilygosten vater, dem babst, durch den wir berůft, gemant
und erfordret synd, dorumb von synes gebetz wegen durch syn
legaten und botschaft, so wyr by uns gehept hand in unseren
landen, mit grosem ernst wir underwyßt und berůft worden synd,
da wir billich unserem obersten herren undertenig, gehorsam und

---

[34]) M: »vor dick genempt«. — [35]) M: »und dem kunig Alsrich nach
inandern«. — [36]) M: »semlich«. — [37]) H beginnt mit folgenden Titulaturen:
»Hochgeborn, edlen, strängen und vesten, fürsichtigen und wysen«. —
[38]) »dem mal« fehlt in G; ist aus M ergänzt. H schreibt »syttenmal«.

willig synd erschynen, wir und ouch die unseren, hand unser
schweiß und blůt vergossen und verert gern und mit gůtem willen, dur den, der syn rosenfarbz blůt vergossen hat an dem stammen des heiligen fron krützeß und nackend und bloß daran ge-
hangen ist.

Die bitt dero von Schwytz umb ir fryheyt und umb yr zeychen.

Aller heyligoster vater und aller gnedigoster her[39]), so bitten wir üwer heilikeit[40]) und ermanend üch ouch früntlich mit
allem ernst, daß yr uns wellend begaben und belonen, unß und
die unseren, wan wir frömbd und darkommen lüt synd in unser
land, daß den vormals ungeüpt und ungebuwen waß und aber
durch unß und die unseren da heiman geüpt und gebuwen ist
worden, und wir ouch von dem land Schwedien und Ostfriesen
durch mangel und gebresten der spyß mit dem loß ußgeschlagen
und vertriben synd und im ellend in frömbden landen yetz unser
wonung hand, und ouch unsere Hertzen můt hand da zů beliben.
Nun habend wir byß har[41]) mangel gehept unsers eignen zeychens
und paner zů haben, also bittend wir und begerend, daß unß ein
zeichen und paner werd, daß gantz rot syg und vierschröt und
darinnen daß zeichen unsers lieben herren Jesu Crysty[42]), mit
synem minne zeichen und marter darinne, wan er ouch durch
unser willen hat vergossen syn rosenfarbs blůt, und darnach wir
ouch synd undertenig gesyn dem bäbstlichen und keiserlichem
gebot; und begerend ouch für diß hyn nieman anders, dann dem
keiserlichem gebot schuldig zů synde, dem nach ouch unser land,
da wir unser wonung inne hand in den gebrochnen gebirgen, mit
unß und allen unseren nachkommen, die daß selbe land be-

---

[39]) »aller gnedigesten hern« M. — [40]) »und gnaden« M mit Bezug auf
die Kaiser. H hat: »Hochgebornen gnädigen herren«. — [41]) M: »nu ist
war, wir hand untz daher«. — [42]) M: »unsers hern Jhesu christi«.

sytzend, von allen eer, diensten und beschwerden⁴³) in allen weg, nützit ußgenommen, entladen⁴⁴) und enig syn mügend⁴⁵). Und die wil⁴⁶) die eygenschaft deß dieners armklich ist und einem yetlichem möntschen schwer zů halten und zů tragen, so synd wir doch von natur fry geboren; da ist ouch nun unser bitt, daß daß glück von uwer fryheit⁴⁷) uns niemer knecht noch eygen mache. Wir begerend ouch von üweren gnaden, daß wir fürwert hyn fry sygend vor allen höischungen und vordrungen, eß sy zol⁴⁸) oder ander uflegungen, so von unß gehöyschet oder erfordert möchtend werden. Harzů begerend wir witer so vil und me, daß wir zů ewygen zyten, und unser nachkommen keinem weltlichen gewalt, ußgenommen dem krystenlychem keyser und synem gewalt gehorsam und underteng zů synde, ouch keinem geistlichem gebot, ußgenommen dem heiligen vater dem babst zu synen ziten, und ouch dem erwyrdigen bischof, under dem wir gesessen sind."

Als nun dise bitt und vordrung⁴⁹) volbracht ward und sy ir bitt und begeren gewert wurden nach aller noturft von babstlichen, keiserlichem und kunglichem gewalt und daß mit briefen⁵⁰) versycheret und bestät nach allem irem willen, do gab inen der heilig vater der babst synen segen und vergebung aller iro sünden; gold, silber und edelgestein und ander klůnot empfiengend sy ouch von inen und schieden also von dannen in grosser früntschaft und liebe.

---

⁴³) M: »beschirms«. — ⁴⁴) M: »entbrosten«. — ⁴⁵) H gibt den Satz also verändert: »Und do wir auch ghorsam sind gsin üweren boten, ist dz unser wyll und begär an üch, dass unser landt ... hin fürhin niemant anders ützit schuldig syend, dann kayserlichen gehorsamen; zum andern begären wir fürhin alle eer, diensten und beschwärden in allwäg nützit usgenommen, entladen und entbrosten sin mügint«. — ⁴⁶) M: »und sit dem mal das«. — ⁴⁷) M: »fryheit harkomenheit«. H: »dass das glück von üwer harkommen fryheit uns niemer mer knücht noch eygen mache«. — ⁴⁸) H fügt hinzu »Thöll«. — ⁴⁹) H fügt bei: »vor den zweyen keysern und vor dem küng Alarico«. — ⁵⁰) M: Zusatz »insigeln«. H: »und syglen«.

Die bitt und anmůtung deß houptmanß von Haßle an den babst und die zweien keiseren.

Dem nach ward der ritterlich manlich houptman von Haßle mit synem volck und gesellen ouch semlich antwurt geben und bitt thůn, wie deren ir mitgesellen und getrüwen brůderen von Schwytz, der houptman und syn underthanen [51]) gethan hatten mit allen worten [52]), dann allein sprach der houptman von Haßle:

„Sid dem mal [53]) wir hand genůg gethan dem keyserlichen gebot, so begerend wir, daß unser zeichen und paner glich syg in allen weg als deß keisers zeichen ist, gantz nůt ußgenommen, noch darzů gethan, und kein farb deß zeichens und paner verenderet, denn allein, daß der adler für ander vögel mit syner tugend der höchst und edlest, mit zweien houpteren wirt gemacht, und daß von deßwegen, daß ein keiser gewalt hat von einem end der welt biß zů dem anderen end der welt, daß ist alß vil, als von der sunnen ufgang biß zů der sunnen nidergang, und mit deß heiligen richs cronen die houpter beide werdent bekrönt. Die wil wir nun die sind, die yetz vor kleinen ziten und tagen daß heylig rich und den heiligen cristenlichen glouben, der halb vertilget und zerstört waß, hand geholfen beschyrmen und wider uf bringen, als getrüw diener der undertünigkeyt mit unsern brůderen und mithelferen und getrüwen fründen von Schwytz, und uns Gott mit inen geholfen hat, daß wir in allen unseren nöten hand überwunden und unser viend under unß bracht, und wir üch in üwer besytzung volkomlich wider gestellt und gesezt hand, da ist unser bitt und beger, daß wir den adler mit einem houpt füren [54]) und gekrönt mit deß heiligen richs cronen und uf der cronen ein wiß krütz offenbar stand, zů einem zeichen, daß wir

---

[51]) M: »und trüwen bund gnossen Suicerus«. H: »und bundignossen Schwyzerus«. — [52]) M: »nit minder in keinem weg den allein sprachen sy der houptman von Hasli und die sinen«. — [53]) »Sid und mal« G. — [54]) »füren« ergänzt nach M und H.

hand gestritten umb den heyligen crystenen glouben durch deß willen, der an dem heyligen crütz gelytten hat und uns erlößt mit synem rosenfarben blůt, daß wir deß von üweren gnaden gefriet und befestigot werden."⁵⁵)

Von diser bytt und anmůtung erschrackend die zwen keyser gar ser, daß sy solten daß keyserlich zeichen also von handen geben. Wan aber nun gar ein schlecht verheisung und ein wort eines fürsten sol me übertreffen, dann einß koufmanns schweren, do wolten die keiser ir wort statt halten und ir verheisung nit brechen, wie wol daß kümerlich zů ging, und wurdend die ritterlichen vächter mit irem houptman von Haßle und ir ewigen nachkommen von unserem heiligen vater, dem babst, und ouch von den zweien keiseren ⁵⁶) gefryt mit briefen und mit syglen, in aller maß und glycher form, wie die von Schwytz, ir mitritter und getrüwen brüder, sich und ir land gefriet hatten, und beloneten sy ouch besunder mit gold, sylber und edlem gestein und anderen kleinoten. Da gab inen der heilig vater der babst synen bäbstlichen sägen und vergebung aller ir sünden. Darnach befahlend sy sych dem heiligen vater dem babst in syn gebet und den zweien keiseren in iren schyrm und schiedent damit in dem namen Gottz von dannen in gůtem friden und früntschaft.

Also welle Gott, der almechtig, unß geben ein gůt seliges end, ouch damit den unseren zů allen zyten craft, sterky und macht, daß sy fürwert hyn aber allen iren vienden, sychtigen und unsychtigen, widerstan mügend und sy und ir nachkommen mit der ewigen kraft Gotteß überwinden alle widerwertykeyt der sel und des libs.

Amen ⁵⁷).

---

⁵⁵) Statt dieses Nachsatzes steht in H: »und wir dess von üweren gnaden gefraiet und bestätiget würdind«. — ⁵⁶) H schweigt auch hier vom Papst und setzt hinzu: »vom kunig Alarito« (Alarico). — ⁵⁷) Dieses Schlussgebet mangelt in M und H.

III.

Die vom Verfasser der Schrift angeführten Quellen und die Art ihrer Benutzung.

Man gestatte mir nun über die hier zum ersten Mal gedruckte Schrift einige mir nothwendig scheinende Erklärungen und Nachweisungen in Betreff ihrer Quellen und der Art, wie das Werk zu Stande gekommen ist, nachfolgen zu lassen.

In den ersten Worten der Einleitung gibt der Verfasser der Schrift an, er habe sie „von latin zu tütsch transferirt". Darnach müssten wir auf einen lateinischen Urtext schliessen.

Da wir aber zum Voraus (s. oben S. 10, Randnote Nr. 5) den lateinischen Text im Schedel'schen Sammelband als einen secundären, aus dem Deutschen ausgezogenen, beseitigt haben und unsere Schrift sonst nirgends den Charakter einer Arbeit aus erster Hand verleugnet, so müssten die vorerwähnten Worte für uns änigmatisch bleiben, wenn eine nähere Prüfung uns nicht zu einer befriedigenden Lösung des Räthsels führen würde.

Der Verfasser gibt glücklicher Weise einen Theil seiner Quellen selber an. Er citirt uns zu verschiedenen Malen mehr und minder bekannte Schriftsteller, die in Prosa und in Versen, in Geschichtswerken, Chroniken und Abhandlungen geschichtliche Stoffe behandelt haben.

So beruft sich derselbe gleich im Eingange seiner Schrift, nachdem er uns versichert hat, dass er „nach sag aller Coroniken setze vnd schribe" auf einen Meister „mit namen Stolytratús (Lib. VI. Cap. VII.)". Ferner citirt er weiter unten im Verfolge: die Coronick Alfonsy, Plynius, den grossen Poeten, den Dichter Claudianus Florentinus, den heiligen Ambrosius, die Cronica Martiniana, endlich wiederholt des **Franciscus Petrarcha Liber Augustalis**.

Diese vom Verfasser namentlich angeführten Quellen lassen sich in zwei Kategorien ausscheiden.

Zu der ersten rechne ich diejenigen Werke, welche vom Verfasser nicht eigentlich benutzt, sondern bloss dem Namen nach angeführt wurden, um den Glauben zu erwecken, er habe aus ihnen geschöpft.

Zur zweiten Kategorie rechne ich jene Schriftsteller, die unserm Verfasser wirklich als Quellen dienten. Hier werden wir wiederum solche zu unterscheiden haben, die er bei ihren Namen nennt und andere, deren Namen und Benutzung er verschweigt.

1. Da der Verfasser seine Erzählungen über die Schwyzer und Hasler an die Geschichte der Römer anknüpfen will, berührt er im Eingange die Thatsache, wie letztere durch „ihre Kraft, Stärke und Tapferkeit" die Herrschaft der Welt errungen und beruft sich diesfalls auf einen Meister mit Namen Polykrates [in den verschiedenen Handschriften Polikratus (Tschudi), Stolitratus (G), Stolitrates (H) etc. geschrieben]. Darunter kann er kaum etwas anderes gemeint haben, als den „**Polycraticus**" des **Johannes von Salisbury**[1]), ein Werk in acht Büchern, auch unter dem Titel: „De nugis curialium et vestigiis philosophorum" bekannt. Dieses Werk erregte im zwölften und den nachfolgenden Jahrhunderten das grösste Aufsehen und gehörte zu den meistgelesenen Schriften jener Zeit. Das sechste Buch des Polycraticus, welches unser Verfasser namentlich citirt, handelt wirklich von dem Kriegswesen. Darin werden die Römer als

---

[1]) Joannes Saresberiensis lebte unter den Päpsten Adrian und Alexander, war Schüler und Clericus des Bischof Thomas von Canterbury, wurde nacheinander Bischof von Sens und Rheims, 1172 Bischof von Carnut (Chartres), wohnte 1179 dem lateranensischen Concil bei und starb 1182. Er war in weltlichen und geistlichen Wissenschaften wie kaum einer seiner Zeit bewandert und die Lesung seiner Schriften bietet auch heute noch mannigfaltigen Genuss

Meister des Krieges angeführt, und das 15. (nicht 7.) Kapitel handelt insbesondere vom römischen Kriegswesen und von Julius Cäsar, als dem besten römischen Feldherrn („Romanos in disciplina militari præ cæteris viguisse et in eis Julium Cæsarem floruisse præ cæteris").

Eine „koronik Alfonsy uß Frijesenland", die der Verfasser unserer Schrift citirt, gibt es nun allerdings nicht. Aber Alfonsi ist keine problematische Existenz, und der Verfasser konnte sich wohl veranlasst finden, diesen hochberühmten Namen unter den Schriftstellern des Mittelalters als Gewährsmann anzuführen. Petrus Alfonsi wurde 1062 zu Osca in Aragonien geboren und war ein zum Christenthume übergetretener, in der griechischen, talmudischen, arabischen und lateinischen Litteratur sehr bewanderter, vom Bischof Stephan in Osca getaufter Jude. Da König Alfons bei der Taufe des Convertiten Pathenstelle vertrat, so nannte er sich fortan Petrus Alfonsi (sc. spiritualis filius Alfonsi). Das Werk, dem er vorzugsweise seine Berühmtheit verdankt, ist die drei Bücher umfassende „Disciplina clericalis", was wohl am Besten mit „Schrift zum Unterricht der Priester und Laien" übersetzt wird. Ueber Ostfriesenland ist darin Nichts enthalten. Viele Zeitchroniken, worunter auch die Werke Benvenuti de Rambaldis (von denen wir unten, als von einer weitern Quelle unserer Schrift, einlässlicher sprechen werden), erwähnten der Schriften des Alfonsi mit besonderem Lobe. Heinrich Steinhöwel aus Weil in Schwaben (†1483), Freund des Nikolaus von Wyle aus Bremgarten, des Lehrers unseres Einsiedler Dekans Albert von Bonstetten, übersezte die Disciplina Clericalis unter vielem Andern ins Deutsche.[2])

Wer kann wohl unter dem Poeten Plinius verstanden sein, der vom Verfasser unserer Schrift gleichfalls als Quelle an-

---

[2]) Conf. Fr. W. Schmidt: Petri Alfonsi Discp. Cler. Berlin 1827.

geführt wird? Kein anderer als Plinius der ältere (geb. 23 p. Chr. n.) welcher in seiner „Historia naturalis", auch „Historia mundi" genannt, von den gallischen, beziehungsweise helvetischen und germanischen Völkerschaften manches Interessante berichtet.³) Allein das ist jedenfalls gewiss, dass, so wenig Plinius ein Dichter war, ebenso wenig unser Verfasser aus dessen Historia mundi geschöpft hat. Er hat seiner offenbar nur erwähnt, weil er ihn in einer anderen, wirklich benutzten Quelle, im Liber augustalis, den wir unten berühren werden, wiederholt mit „ut Plinius ait", „ut dixit Plinius optimus testis" aufgeführt gefunden hat.

Die Chronica Martiniana ist die bekannte Universalchronik des Martinus Polonus, Erzbischofs von Gnesen (†1278), welche die Geschichte der Päpste und Kaiser in synchronistischer Form erzählt, ein Werk, wovon Wattenbach in „Deutschlands Geschichtsquellen im Mittelalter" (S. 514) Folgendes bemerkt:

„Diese elende Compilation verbreitete sich in allen Ländern, wurde in alle Sprachen übersetzt und genoss wegen der Stellung des Verfassers (er schrieb sie als Kaplan des Papstes Nicolaus III. zusammen) einer grossen Autorität. Ueberall diente sie als Grundlage für weitere Fortsetzungen."

Kein Wunder also, wenn der Verfasser unserer Schrift sich auf diese Chronik beruft. Ein so viel genannter und hochgeschätzter Autor, wie Erzbischof Martinus, musste ihm der willkommenste Gewährsmann sein. Nur schade, dass auch von ihm dasselbe gilt was von Alfonsi und von Plinius. Unser Verfasser benutzte seinen Namen und sein Werk nur als Aushängschilde. Martinus Polonus⁴) berichtet zwar in dem Abschnitte seiner

---

³) Conf. »Ueber das römische Helvetien« von G. v. Wyss im Archiv f. Schwz. Gesch. VII. p. 30 ff. 1851, und Fechter im Schweizer. Museum. —
⁴) »Martini Poloni Archiepiscopi Consentini etc. Chronicon Expeditissimum«. Antwerpiæ ex offic. Christ. Plantini 1547 p. 225—228. — Eine Handschrift

Chronik über Theodosius I., Arcadius, Honorius und Theodosius II. einige Mal Aehnliches wie unser Verfasser; allein es hat sich lezterer dessenungeachtet nicht aus dieser Chronik sein historisches Wissen geholt und zwar desswegen nicht, weil derselbe, wie wir später sehen werden, seine Weisheit anderswo gesucht und gefunden hat. Die Geschichte von den zwölf Fürstenpannern, die er aus Martinus entlehnt zu haben vorgibt, in der Chronik des Gnesener Erzbischofs zu suchen, ist vergebliche Mühe. Sie findet sich nicht in derselben.

Hiemit hätten wir die erste Kategorie der (Pseudo-)Quellen unseres Verfassers abgethan und wir gelangen zu den wirklichen historischen Fundgruben, die er benutzte.

2. Aus der Zahl der von ihm mit Namen aufgeführten Gewährsmänner bleiben nur noch Claudianus Florentinus, der heilige Ambrosius und Petrarca von Ancisa mit seinem Buch „das da ist geheisen Augustalis" übrig.

Ein Buch, Liber Augustalis genannt, — um zuerst dieses zu berühren —, hat nun freilich Petrarca nicht geschrieben, wenn ihm Einige auch die Verfasserschaft desselben zuschoben. Jedoch existirt eine Schrift unter diesem Namen; dieselbe steht allerdings in nächster Beziehung zu Petrarca, dem unser Verfasser den Dichterkranz versagt, während er denselben sonderbarer Weise dem Polyhistor Plinius um die Schläfe windet. Einigen Ausgaben der lateinischen Schriften Petrarca's ist wirklich ein Liber Augustalis einverleibt. Es hat diese, Petrarca's lateinischen Werken beigefügte, historische Schrift einen Schüler des berühmten Meisters, mit Namen Benevenutus de Ram-

---

dieser Chronik aus dem XIV. Jahrh enthält der Quartband Nr. 452 der Handschriftensammlung der Berner Stadtbibliothek In derselben befindet sich auch eine französische Uebersetzung der Chronica Martiniana aus dem Jahre 1458.

baldis⁵) zum Verfasser, der sich die Aufgabe stellte, die unvollendete: „Vitarum virorum illustrium Epitome" seines Lehrers zu vervollständigen. Diese Epitome hatte zwar schon in einem andern Schüler Petrarca's einen Fortsetzer gefunden; allein derselbe war, bei Alexander d. Gr. beginnend, mit seinen Biographien nicht weiter als bis Trajan vorgerückt. Benvenuto Rambaldi begann seine geschichtliche Arbeit mit Cäsar und setzte sie fort bis auf Wenzeslaus III., den Sohn Kaiser Karls IV.⁶)

In der That finden wir nun in dem Buche dieses zweiten Fortsetzers der „Berühmten Männer" Petrarca's drei Kapitel, eines über Theodosius den Grossen, eines über Arcadius und ein drittes über Honorius. Darin liest sich der Text stellenweise ganz so, wie er sachbezüglich mehreren Orts in unserm Manuscripte lautet. Es darf daraus mit Sicherheit gefolgert werden: der Verfasser habe den Liber Augustalis wirklich, wenn auch ganz unkritisch und willkürlich, Personen und Ereignisse theils verwechselnd und durcheinanderwerfend, theils rein erdichtend, benutzt und ausgebeutet. Die Richtigkeit dieses Schlusses mit Beispielen zu belegen, lasse ich einige concordi-

---

⁵) Benvenuto Rambaldi, geboren 1306 zu Imola, studirte in Bologna, widmete sich zehn Jahre lang namentlich dem historischen Fache und schrieb, auf Veranlassung Niclaus II. von Este, den Liber Augustalis, welchen er diesem Fürsten dedicirte. Er las während mehrerer Jahre an der Bologneser Universität über die «Divina Commedia» und schrieb einen lateinischen Commentar über Dante's unsterbliche Dichtung, der von Tamburini ins Italienische übersetzt worden ist. («Benvenuto Rambaldi da Imola illustrato nella vita e nelle opere e di lui commento latino sulla divina commedia volgato in Italiano» dal' avocato Giovanni Tamburini, Imola 1855.) Die Stadtbibliothek von Imola besitzt von Rambaldi auch Commentarien über Valerius Maximus und Lucan's Pharsalia. Er war ein guter Freund von Petrarca und Bocaccio. Conf. Tiraboschi: «Storia della Litteratura Italiana» Tomo V. pag. 317. Modena 1775. — ⁶) Francisci Petrarchae V. C. opuscula historica et philologica. I. Virorum illustr. Epitome. Lobardi Sirichii Supplementum Benevenuti de Rambaldis Liber Augustalis. Bernae excudebat le Preux Illustr. D. D. Bern. Typographus. M. DC. IIII.

rende Stellen der Handschrift einer- und des Liber Augustalis anderseits hier neben einander folgen:

Liber Augustalis. (p. 114—116.)	Handschrift G.
Theodosius Magnus, cum jam imperasset XIII annis cum Gratiano et Valentiniano fratribus, solus remansit in imperio annis tribus.... Iste fuit optimus Imperator Christianorum, similis Trajano a quo traxit originem, de quo mirabiles laudes fecit Ambrosius.	Als nun derselb (Theodosius) dry Jar Regiert vnd das keiserthum besessen... S. 21.

Von dem der Heilig Ambrosius gros eer vnd lob schreibt. S. 21. |
Theodosius contra Eugenium ..... in alpibus ruit in proelium.... Eugenium interfecit. De qua re memoriam facit Claudianus Florentinus, poeta paganus.	Eugenius den der genampt Theodosius der Elter christenlich keyser hat erschlagen Jn den birgen Apulie den Alpen, Alls das schrypt Claudianus Florentinus, der poett eygentlichen. S. 21.
Theodosius anno aetatis quinquagesimo feliciter mortuus est....	Vnd aber (Theodosius) fünfzig Jar sines Alters was, do schied er.... S. 21.
.... relictis duobus Augustis filiis suis Arcadio et Honorio....	Der erst genampt Theodosyus verlyß zwen sün.... der ein bieß Honorius, der ander Arcadius. S. 21.

Arcadius successit Theodosio in imperio Orientis et Honorius in imperio Occidentis....	Honorius regiert den teill der welt gegen der Sunnen vndergang, aber der ander hat vnder im den teil gegen der Sunnen vffgang....
	S. 21.
Radagaisus rex Gothorum cum infinita multitudine Barbarorum miserabilis victus a Romanis, frigore et fame occisus est, Romae suis more pecudum interfectis....	Do wurd derselb küng ellenklich vnd ermklich überwunden vnd erschlagen mit einem grossen vyly... wie der küng Radagusyus Jn hunger, turst, frost, vnd ellend ertödt wart, aber syn volck, die nit erschlagen warent, verkouft zu glicher wyß als das vich...
	S. 21 u. 22.
Arcadius vero, ... mortuus est apud Constantinopolim, relicto filio suo Theodosio in imperio Occidentis....	Arcadius... was zů Constantinopel... vnd schied in demselben. Demnach waß Theodosyus der Jünger, des Archadius sun, das keiserthum wider Orient... besitzen.
	S. 22.
Sub quorum Imperio (Theodosii minoris et Honorii) Alaricus, rex Gothorum, cæpit Romam cum furore et spoliavit, parcens tamen fugientibus ad templa Sanctorum.	Alaricus belegert die statt Rom mitt namen... vnd ließ die fürnemesten vnd mächtigosten herren von Rom todten... welche aber warend geflohen Jn die kilchen als kristenlütte vnd da gnad begerten, die wurden nitt getödt vnd wart Jnen gnad von derselben hertygkeit,

so der cristenlich küng Alaricus
den Römeren erzeigt....
S. 24 u. 26.

Nach dem Angeführten sind wir nun auch gründlich darüber belehrt, wie unser Verfasser dazu gekommen ist, den Dichter Claudianus[7]) und den Kirchenvater Ambrosius anzuführen. Er hat eben einfach die Stellen ausgezogen, in welchen der Liber Augustalis selbst diesen Gewährsmännern ruft. Auch die Chronica Martiniana beruft sich in der Lebensbeschreibung Theodosius' I auf Claudianus[8]). Allein die Congruenz des Wortlauts unseres Manuscripts mit demjenigen des Liber Augustalis im betreffenden Citat beweist deutlich, dass weniger die Chronik des Erzbischofs von Gnesen, als vielmehr Rambaldi's Werk unserm Verfasser als Quelle gedient hat.

Das ganze historische Wissen unserer Schrift, soweit sie sich an die Namen und Thaten der Kaiser Theodos des Aelteren und Jüngern, der Kaiser Arcadius und Honorius, des Vandalenführers Radagais, des Gothenkönigs Alarich und Eugenius', des Franken Arbogast's Geheimschreiber, anlehnt, stammt also aus dem Liber Augustalis. Darüber, denk' ich, wird man durch die oben zusammengestellte Uebersicht der einschlägigen Concordanzstellen hinlänglich erbaut sein.

In Dunkel gehüllt bleibt uns jetzt nur noch die Frage, wie

---

[7]) Es kann hier kein anderer gemeint sein, als C. Claudianus aus Alexandrien, der zu Anfang des fünften Jahrhunderts lebte und dem die Kaiser Honorius und Arcadius auf dem Forum Trajans, zum Dank für die Lobgedichte, die er auf Honorius gemacht, eine Bildsäule errichten liessen. Claudianus hielt sich längere Zeit in Florenz auf, wesshalb ihn der Liber Augustalis mit einigem Recht Florentinus nennt. — [8]) Martinus schreibt: «Iste christianissimus Imperator fuit propagator reipublicae ... Eugenium quoque tyrannum et Arbogastum Comitem, dolo cujus Valentinianus strangulatus fuit, in bello juxta fluvium vocabulo frigidum, cum paucis suis superavit. Ibi Eugenius captus interfectus est, Arbogastus se manu propria interfecit ... de quo refert Claudianus gentilis poeta, qui tum floruit.»

der Verfasser unserer Schrift zu den Namen und Thaten jener Helden nordischer und fränkischer Herkunft gelangte, welche er in der Geschichte der Wanderung der ausgetriebenen Schweden und Ostfriesen eine Rolle spielen lässt.

Ich kann natürlich unter diesen Helden nicht die Heerführer der Schwyzer und Hasler Schwizerus, Remus und Wadislaus ab Hasnis meinen; denn dies sind alles ganz und gar fingirte, apokryphische Namen. Remus ist, versteht sich, kein anderer, als der wieder auferweckte Bruder des Gründers der Stadt Rom. Die Rolle des letztern übernimmt Schwizerus, dessen Namen man aus demjenigen des Fleckens Schwyz gerade so hervorgehen liess, wie den Namen des ersten Römerkönigs aus Roma. Auf analoge Weise erhielten die Hasler als Ur- und Stammvater ihren Wadislaus von der „Stadt Hasnis, die da liegt zwischen Schweden- und Friesenland".

Wo der Verfasser die Bekanntschaft eines Gisbertus, Königs von Schweden, gemacht hat, ist mir ein Räthsel geblieben.

Was hingegen den Grafen Christophel anbelangt, so kann der Umstand, dass just zur Zeit der Entstehung unserer Schrift (1440 — 1442) ein König Christoph über Schweden und Dänemark herrschte, den Verfasser veranlasst haben, dem Grafen aus dem Ostfriesenland den Namen Christophel beizulegen.

Mehr Aufschluss lässt sich geben über den Fränkischen Herzog Priamus und vielleicht auch über Peter von Moos, deren der Verfasser erwähnt. Indem ich versuchen will, solchen zu ertheilen, komme ich auf diejenigen Quellen des Verfassers zu sprechen, die er sehr wahrscheinlich benutzt, aber absichtlich oder unabsichtlich verschwiegen hat.

Der dem einen der beiden fränkischen Heerführer beigelegte Name Priamus weist auf die bekannte, verschieden überlieferte alte Sage hin, nach welcher die Franken Nachkommen einer Abtheilung **Trojaner** sein sollen, die nach dem Falle Ilions auszogen, um eine neue Heimath aufzusuchen.

In Massmanns „Kaiserchronik"*) lesen wir hierüber was folgt: „Das frühe und fleissige Lesen von Virgils Aeneis, die frühe und feste Berührung der fränkischen Herrschaft mit Rom, die baldigen Ansprüche der fränkischen Könige auf die Würde des weströmischen Kaiserthums, endlich der wirkliche Uebergang derselben auf die Franken durch Karl den Grossen, machte die sich herüberschmeichelnde Verwandtschaftung mit Julius Cäsar als erstem Kaiser und mit dem trojanischen Geschlechte geläufig."

Gregor von Tours weiss noch nichts von dieser ganzen Sage. Erst **Fredegar**, der um 660 schrieb, und die „**Gesta Regum Francorum**", verfasst um das Jahr 725, theilen dieselbe ordentlich mit und zwar die letztgenannte Chronik in ausführlicher Weise. Die Gesta erzählen uns Folgendes:

Nach der Einnahme von Troja, welches König Aeneas vergebens so lange vertheidigt hatte, drangen zwölf tausend **Trojaner** unter Führung von Priamus und Anthenor, nachdem sie vom Meere aus in den Tanais (Don) eingefahren, bis an die Grenze Pannoniens vor. Daselbst liessen sie sich bei den Maeotides paludes nieder und erbauten eine Stadt, die sie Sicambria nannten. Lange Zeit wohnten sie in dieser Gegend und wuchsen zu einem grossen Volke an. Damals herrschte Valentinian als Kaiser über das römische Reich. Diesem standen die Trojaner bei, als er auszog, die aufrührerischen Alanen zu bekämpfen. Diese letztern hatten sich in den Mäotischen Sumpf geflüchtet. Da drangen jene Trojaner auf sie ein und machten sie nieder. Der Kaiser belohnte sie dafür, indem er ihnen, wie er es versprochen hatte, auf zehn Jahre hinaus den Tribut zu zahlen erliess. Als er aber

---

*) 3. T. p. 496 in d. Bibl. d. deutsch. Nat. Litteratur. 4. Bd. 3. Abth. 1854.

nach Ablauf dieser Frist den frühern Zustand wieder herstellen wollte, empörten sich die Trojaner und tödteten die zu ihnen geschickten Steuereinzieher. Sie unterlagen aber dem römischen Kriegsheere und verloren in der Schlacht ihren Anführer Priamus. Aus ihrer Niederlassung vertrieben, zogen sie weiter landeinwärts, bis sie an den Ausfluss des Rheins gelangten, wo sie neue Wohnsitze aufschlugen. Ihre Heerführer waren hier nacheinander Markomir, Sohn des Priamus, Sunno, Sohn des Anthenor, Pharamund, Chlodio, Meroveus, Childerich, Vater des Clovis u. s. f. (Vgl. Bouquet, Recueil des hist. des Gaules T. II. p. 542 seqq.)

Soweit die Sage nach den Gesta Francorum.

Jordanus von Osnabrück gibt in seinem Buche „De Praerogativa Imperii Romani", das Anfangs der Achtziger-Jahre des dreizehnten Jahrhunderts in Italien und in der Schweiz bekannt wurde, eine der letzten verwandte Darstellung.[10] Nach Jordanus ziehen Aeneas und der jüngere Priamus, Enkel des grossen Priamus, durch Africa, fahren nach Italien über, wo Aeneas bleibt, während Priamus weiter nordwärts nach Gallien an den Rhein zieht, daselbst die Gallier vertreibt und nach dem Westen zu weichen nöthigt. Neutroja (Xanten) und Bonna (Bonn) werden von ihm gegründet. Die Einwanderer nehmen Frauen von den Deutschen (Theutonici), die Nachkommen eines Riesen sind, und lernen ihre Sprache. Sie schliessen Frieden mit den Friesen und machen Trier zum Sitze ihres Reiches. Von dem Heere des Aeneas werden sie Germanen genannt, „eo quod illi et isti Trojanorum germine processerint." Da diese Germanen an Zahl gewachsen, schickten sie einen Theil ihres Heeres nach Thüringen und richteten da ein Reich auf. Dann erschienen die Römer unter

---

[10] Vgl. »Des Jordanus von Osnabrück Buch über das Römische Reich«. Herausgeg. von G. Waitz, Göttingen 1868. Eine Handschrift von Jordanus' Buch, aus der Zeit Rudolfs von Habsburg, findet sich in Nr. 452 der Handschriftensammlung der Stadtbibliothek zu Bern. Vgl. Dr. G. Studers Einleitung zu Justingers Berner Chronik. S. XIX. Bern 1870.

Julius Cäsar, unterwarfen die prima Germania und Gallia, erneuerten aber zugleich die alte Brüderschaft. Später bekämpfen dann diese Germanen, auf Anforderung der Römer, die Alanen, werden zur Belohnung dafür frei vom Tribut und sind daher Franci, Franken genannt. [11])

Dies die beiden verbreitetsten Darstellungen, in denen uns die Sage von der Wanderung der **Trojaner nach dem Rheine** überliefert worden. Dabei hatte es aber sein Verbleiben nicht. In dem Masse wie die Sage von einer Chronik in die andere überging und allgemeiner bekannt wurde, bereicherte sie sich mit neuen Zuthaten. Man sehe hierüber Otto von Freising („memoria seculorum"), das Annolied, Gottfried von Viterbo, das Chronicon Quedlinburgense u. s f.

Für uns, die wir vielleicht mit zu grosser Einlässlichkeit die Hauptzüge der fränkischen Trojasage behandelt haben, ist es nun kein Geheimniss mehr, woher der Verfasser unserer Schrift auf den Einfall kam, seine schwedischen Auswanderer **am Rheine** mit einem **fränkischen Volke** zusammenstossen zu lassen, an dessen Spitze ein Heerführer Namens **Priamus** focht.

Schon nicht mehr so leicht ist die Antwort auf die Frage, welche Bewandtniss es hat mit dem seltsamen Prosopon **Peter**

---

[11]) «Postea autem quidam populi, qui Alani dicti sunt, se Romanis opponebant. Unde exiit edictum a Senatu et populo Romano, ut quicumque illos Alanos compescerent, franci, id est liberi essent a tributo per decem annos. Quo audito Germani, tam propter germanitatem Romanorum, quam propter libertatem consequendam, Alanos cum exercitu sunt aggressi et ipsos, iterato Romano imperio, subdiderunt. Ab illo tempore Germani prefati Franci, id est liberi, sunt vocati. Et propter hoc usque in praesentem diem populus ille **procurationes, exactiones, violentas, decimas vel tributa solvere naturaliter dedignatur, quasi per hujusmodi serviles conditiones in aliquo suae libertati derogetur.**» (Vgl. Waitz «Jord. v. Osn.» p. 59.) — Ich allegire die lateinische Stelle aus Jordanus, ohne weiter zu erforschen, ob sie vielleicht zur Erläuterung ähnlicher Stellen in der «Bitt dero von Schwytz vmb ir freyheitt» (vgl. oben II. p. 28 und 29) dienen könnte.

von Moos? Sichere Auskunft über seine Person habe ich mir nirgends zu verschaffen gewusst. Wo man keine Gewissheit erlangen kann, hilft man sich mit Vermuthungen. Peter von Moos ins Lateinische übersetzt lautet Petrus de Paludibus. Sollte vielleicht in der Benennung „de Paludibus" eine Reminiscenz an die Maeotides Paludes stecken? In Ermangelung einer besseren glaubte ich mich auch mit dieser Lösung des Räthsels begnügen zu können, so abenteuerlich sie auch klingen mag. Ein historisch beglaubigter Petrus de Paludibus, der im zweiten Band von Reumont's „Geschichte der Stadt Rom" vorkommt, hat begreiflich mit unserem Peter von Moos nichts als den Namen gemein.

Eines steht nach dem Gesagten unzweifelhaft fest. Die eine oder die andere der landläufigsten Darstellungen der Trojanersage hat der Verfasser unserer Schrift vor sich gehabt und benutzt. Ob es diejenige der Gesta Francorum gewesen (Besiegung und Tod des Priamus an dem Mäotischen Sumpf) oder das Buch des Jordanus (Priamus am Rhein) oder beide zugleich, lasse ich dahingestellt und erinnere nur noch, dass Waitz von Jordanus Schrift bemerkt, sie sei im fünfzehnten Jahrhundert besonders häufig gelesen und benutzt worden.

Was schliesslich die durch Hungersnoth veranlasste Auswanderung der Schweden und Friesen anbelangt, so hat unser Verfasser diese Erzählung offenbar ähnlichen, vorhandenen alten Sagen nachgestaltet. Eine solche Sage findet sich z. B. namentlich auch bei den Longobarden. „Durch Misswachs, heisst es in einem alten longobardischen Liede, seien Hunger und Noth im Lande Dänemark entstanden, so dass auf König Suics Befehl, ein Drittel des Volks getödtet werden sollte, als Gambaruk, die weise Frau, auftrat, den Rath ertheilend: dass statt der Ausführung jener grausamen Massregel das Loos geworfen werde, auf Alt und Jung, welcher Theil aus dem Lande sollte reisen, was geschah, da dann das Loos auf die Jungen fiel, die sich zum Auszuge rüsten mussten."

Täusche ich mich nicht, so dürften die hiemit zu Ende geführten Nachforschungen und Erhebungen über des Verfassers wirkliche und vorgebliche Quellen uns ein hinlänglich klares Bild über das Wesen und die Methode seiner geschichtforschenden und geschichtschreibenden Thätigkeit gegeben haben. Sie lässt sich mit wenigen Worten kennzeichnen: Verwendung mythischer Erzählungen aus den fränkischen und andern Sagenkreisen, Benutzung theils missverstandener, theils mit Absicht anachronistisch verwendeter Partien des „Liber Augustalis", endlich und vorzugsweise des Verfassers üppige Erfindungsgabe, vermöge welcher er bald ursprünglich auseinanderliegende Personen und Begebenheiten zu einem einheitlichen Ganzen verknüpfte, bald rein erdichtete, — das sind wesentlich die Factoren, mit denen er sein Werk zu Tage gefördert hat.

Der bisher über des Verfassers Quellen gegebene Nachweis wirft mittelbar auch ein helleres und entscheidenderes Licht auf dessen Angabe: seine Schrift sei aus dem Lateinischen in's Deutsche übersetzt. Diese Behauptung ist richtig, wenn man annimmt, wie ich nachgewiesen habe, dass der Verfasser aus lateinischen Quellen übersetzend schöpfte. Sie wäre aber unrichtig, wenn man seine Schrift durchgehends als die deutsche Uebertragung eines lateinischen Urtextes betrachten wollte.

Ich könnte nun hier das Kapitel über die vom Verfasser angeführten, beziehungsweise verschwiegenen, aber nichts desto weniger benutzten Quellen abschliessen, müsste ich nicht noch dem möglichen Vorwurfe begegnen, ich hätte oben, bei Erwähnung der zweiten Kategorie derselben, des „grossen Püntiners" Chronik ganz übersehen. Denn diese Chronik, sagt man, müsse wohl die Hauptquelle unseres Verfassers gewesen sein, indem dieselbe schon 1414, ähnlich wie unsere Handschrift, erzählt habe, dass

Alarich unter Mitwirkung der Waldstätter dem Kaiser und dem Papste zur Wiedereroberung Roms behülflich gewesen sei.

Ich wage es nun aber hier zum Voraus die Erklärung abzugeben, dass ich entschieden der von Herrn Prof. P. Vaucher („Anzeiger für Schweiz. Gesch." 1870 p. 24. 60) angedeuteten Vermuthung beitrete, nach welcher die sog. Püntinersche Chronica Miscellanea als ein Machwerk späterer Zeit erscheint, welches, weit entfernt dem Verfasser unserer Schrift als Quelle gedient zu haben, vielmehr aus unserer Schrift als Quelle schöpfte, um die gleichen Fabeleien über die ältesten Kriegszüge der Waldleute in einem appetitlicheren Gerichte aufzuwärmen. Wissend, dass mein verehrter Lehrer Püntiners Chronik zum Gegenstande besonderer kritischer Studien gemacht hat, deren Veröffentlichung nicht ausbleiben wird, enthalte ich mich hier die Gründe für meine Behauptung einlässlicher anzuführen. Ich beschränke mich darauf, dieselbe nur mit einigen allgemeinen, auf den sachbezüglichen Inhalt der sog. Püntinerschen Chronik basirten, Bemerkungen zu rechtfertigen.

Die einem Landammann Püntiner zugeschriebene Chronica miscellanea ist angeblich 1799 mit dem Altdorfer Archive verbrannt. Dieselbe wurde von dem schwyzerischen Geschichtschreiber Fassbind zum letzten Mal aus dem Archiv geliehen erhalten und von ihm, mit Bezug auf die, seinen Landsleuten von Kaiser und Papst angeblich ertheilten, Gnaden und Freiheitsbriefe benutzt.

Noch ausgiebigere Excerpte aus der sogenannten Püntinerschen Chronik finden sich in Schmids „Allgemeiner Geschichte des Freistaats Ury" (1788).

Schmid erzählt uns (I. 94) die Geschichte des römischen Aufstandes gegen Kaiser und Papst unter dem Rebellen Eugenius und der darauf folgenden Belagerung der Stadt Rom durch König Alarich nach Püntiners Angaben, wie folgt:

„Der Tyrann Eugen der Jüngere hatte um 400 die Stadt
„Rom seinem Gebothe unterworfen und den Pabst und den
„abendländischen Kaiser vertrieben; in diesen Umständen fleht
„der flüchtige Monarch den Gothen König Alarich um Beystand
„an, der durch Mithülfe benannter dreyer Länder (der Wald-
„stätte) Rom Eugens Scepter wieder entreisst. Wegen dieser
„ewig schön und merkwürdigen That sollen die Mitsiegenden
„Alpenhelvetier mit prächtigen Feldpanieren belohnt worden
„sein.

„Honorius, der ein sehr schwacher Herr war auf dem Throne
„der Augusten, hatte umsonst durch das schon vielvermögende
„Mittel des Geldversprechens den Alanenkönig Allarich versucht,
„von den Mauern Roms wegzubringen. Diese nicht mehr so un-
„bezwingliche Siebenhügelstadt fiel in die Hände des Belagerers
„und da machten sich die Hülfsschaaren mehrerwähnter Länder
„wider den fürchterlich gewordenen Alanen schutzthätig."

Es ist nun ebenso auffallend als merkwürdig, wie sehr diese
Erzählung über die „Schutzthätigkeit der Alpenhelvetier" zu
Gunsten von Kaiser und Papst von derjenigen in unserer Handschrift abweicht. Nach der, Püntiners Chronik entlehnten,
Schmidischen Erzählung hätten sich die Waldstätter nicht bloss
ein, sondern zwei Mal um Kaiser und Reich verdient gemacht.
Das erste Mal als Verbündete des Kaisers Honorius und des Gothenkönigs Alarich im siegreichen Kampfe gegen die von Eugenius angeführten Aufständischen in Rom, — das andere Mal
später, als Beschützer des gleichen weströmischen Kaisers wider
die Anmassung des, nun zum Alanenkönig umgemodelten Alarich, welcher aus einem Freunde und Schirmer des abendländischen Kaiserthrones dessen gefährlichster Feind und Bedroher
geworden war. Ich behaupte nun, nur im fünfzehnten Jahrhundert, wo, zumal in der Schweiz, die wissenschaftliche Historik
noch in den Windeln lag, kaum in das Stadium der Chronik ein-

getreten und von Kritik und Quellenbenutzung noch gar keine Rede war, konnte die abenteuerliche Erzählung zusammengeklittert und bei einem nicht gebildeten Volke accreditirt werden, wie wir sie in unserer Handschrift finden: „König Alarich sei, als er Rom erstürmt und dem Sacke seiner Gothen preisgegeben, den Kaisern Honorius und Theodosius II., sowie den Päpsten Innocenz und Zosimus hülfreich beigesprungen, um ihnen einen Liebesdienst zu erweisen." Eine so ungeschichtliche Combination konnte in der nachfolgenden Zeit, in welcher mit der allgemeinen Geistesbildung auch die Historiographie Fortschritt halten musste, schlechterdings nicht mehr bestehen. Die alte Erzählung musste umgestaltet, sie musste von den krassesten historischen Widersprüchen gesäubert und so der Kern derselben dem gebildeteren Volke mundgerechter und geniessbarer gemacht werden. Diese Umgestaltung hat offenbar der Verfasser der sog. Püntinerschen Chronik an der von ihm vorgefundenen Erzählung unserer Handschrift wirklich vorgenommen. Er löste die eine und einmalige, auf die Erstürmung Roms durch Alarich beschränkte, Hülfeleistung der Schwyzer in zwei Hülfsactionen auf, nämlich in einen Kampf gegen Eugenius, der mit der Unterdrückung des Aufstandes der Römer endete und in eine Belagerung und Erstürmung Roms durch Alarich. So gewann er für seinen König Alarich die erforderliche Zeit, zwischen dem ersten und zweiten Hülfsacte der Waldleute die Maske wechseln zu können, und vermied es auf diese Weise, seinen Helden in der Rolle eines Söldnerführers und Verbündeten von Kaiser und Papst zur Einnahme Roms übergehen zu lassen.

Püntiners Chronik war demnach, wie gesagt, keine Quelle für den Verfasser unserer Schrift. Erstere muss vielmehr nach der letztern geschrieben worden sein. Das Umgekehrte anzunehmen und zu behaupten: unsere Handschrift habe, als die jüngere Urkunde, aus Püntiners Chronik, als aus ihrer Quelle, geschöpft und die der geschichtlichen Wahrheit weniger widersprechende und der historischen Kritik weniger Blössen bietende Erzählung verunstaltet und verschlimmbessert, erscheint mir schlechterdings unmöglich und widersinnig.

Mit diesen Nachweisungen glaube ich auf die Quellen und die Entstehungsart einer Schrift, die vor nahe einem halben Jahrtausend ans Tageslicht trat, einige Schlaglichter geworfen zu haben. Es war unter den gegebenen Verhältnissen eine weder so leichte noch sehr erquickliche Aufgabe, in die geheime Werkstätte und die litterarische Rüstkammer hineinzuleuchten, in denen der Meister das eigenthümliche historische Kunstprodukt, welches den Gegenstand gegenwärtiger Studie bildet, zu elaboriren sich veranlasst gefunden hat.

IV.
Von dem Verfasser und dem Zwecke der Schrift.

Wer ist denn aber dieser seltsame Meister?

Wo das Paternitätsgeständniss mangelt, ist man auf den Versuch angewiesen, die Vaterschaft wo möglich auf dem Wege von Indizien, Urkunden und Zeugen zu ermitteln.

Unsere Schrift enthält im Eingange eine Anrufung des hl. Martin, „Unseres Patrons", wie der Verfasser sich ausdrückt. Sanct Martin aber ist der Schutzpatron der Landeskirche von Schwyz. Hieraus geht hervor, dass der Verfasser, wenn nicht selbst ein Schwyzer, so doch ein den Schwyzern Nahestehender und Befreundeter gewesen ist. Dass er in der zweiten Hälfte des XV. Jahrhunderts gelebt haben muss, ist schon oben (I.) berührt worden.

Noch mehr wird der Schleier der Anonymität des Verfassers unserer Handschrift gelüftet, wenn wir die verschiedenen Schriftsteller näher ins Auge fassen, in deren Werken wir Bruchstücke von der bis heute für verloren gehaltenen Schrift über das Herkommen der Schwyzer aufbewahrt finden.

Hier begegnen wir zunächst dem „Chronicon Johannis Naucleri, Praepositi Tubingensis, ab initio mundi usque ad annum Christi nati MCCCCC" (Colon. MDLXIII).[1]) In dieser Chronik erwähnt Nauclerus p. 363 und 364, Bd. II,

---

[1]) Joh. Nauclerus, geb. zu Justingen in Schwaben, aus dem ritterlichen Geschlechte der Vergen, darum auch Vergenhans genannt, war 1450 Probst der Kirche zu Stuttgart, 1456 Probst zu Tübingen und 1477 erster Rektor der dortigen Universität, welche Herzog Bernhard im Bart, dessen Schüler, stiftete. Seine erfolgreiche Thätigkeit im Rechtsfache tritt in den Hintergrund gegenüber dem Ruhme, den ihm die Bearbeitung der Weltchronik verschaffte. — Vgl. v. Stälins Würtemb. Gesch. B. III. S. 774.

eines „Quidam", „Eulogius quidam", der über das Herkommen der Schwyzer geschrieben habe. Naucler theilt uns die Erzählung dieses Eulogius quidam im Auszuge mit. Nachträglich unterwirft er seine Darstellung der Begebenheiten, auf die wir unten (V) zurückkommen müssen, einer strengen Kritik und bemüht sich „scriptoris ignorantiam" an den Anachronismen seiner Schrift nachzuweisen.

Vergleichen wir die von Naucler aus Eulogius' Erzählung allegirte Stelle mit unserer Handschrift, so stellt sich deren inhaltlich vollständige Uebereinstimmung mit der letztern sofort heraus. Ja, die Concordanz der beiden Berichte ist eine so durchschlagende, dass der Text der Naucler'schen Chronik stellenweise ganz ähnlich lautet, wie unsere Handschrift, und den Charakter einer wörtlichen Uebersetzung aus derselben annimmt. Wir haben dies im Anhange gegenwärtiger Abhandlung (s. Beilage A) durch Zusammenstellung einiger Parallelstellen augenfällig gemacht. Ohne allen Zweifel ist also die Erzählung des Eulogius quidam im Naucler'schen Auszuge dem Inhalte nach ganz, der Form nach grösstentheils die Geschichte in unserer Handschrift.

Wie vor ihm der Chronist Nauclerus, so kommt später auch Aegidius Tschudi in seiner „Gallia Comata")[1], im Abschnitt „Suitia" auf den Ursprung der Schwyzer zu sprechen. Daselbst erwähnt er seines Vorgängers Nauclerus in folgender Stelle:

„Von irem (nämlich der Schwyzer) vrsprung vnd harkom„men vß Schwedien hat einer, Johannes Fründ genannt, anno „dom. 1440 ein büchli voller irrthum vnd erdichter fabeln vß si„nem eignen kopf on allen grund vßgon lassen. . . . also das et-

---

[1] V. Autographum Nr. 639 der St. Gallischen Stiftsbibliothek, p. 71. — Druckausgabe von Gallati, p. 113.

„lich, Joannes Nauclerus vnd ander, wider des gemelten Joh.
„Fründen fabelgedicht geschriben vnd sine offenbare Irthumb
„meniklichen vor ougen gestellt." Hier wird also von Tschudi
die Verfasserschaft der Schrift geradezu einem Johannes Fründ
beigelegt.

Im Anschluss an obige Worte lässt auch Tschudi sich in
eine Kritik der Schrift über die schwedische Einwanderung der
Urschwyzer ein. Allein, während Naucler in seiner Chronik des
Eulogius Erzählung zusammenhängend excerpirte und einzelne
beschreibende Züge aus derselben aufnahm, führt hingegen
Tschudi aus dem sogenannten Fründischen Berichte nur die
Hauptdaten und die angeblichen Quellen an, aus denen Fründ
seine Geschichten geschöpft zu haben vorgab.

Jedoch auch in diesen fragmentarischen Anführungen finden
wir im Wesentlichen dem Inhalt, und, theilweise dem Wortlaute
nach, die Erzählung unserer Handschrift wieder.³) Tschudi's
Citate, dem Contexte seines Abschnittes über Suitia aus der Gallia comata entlehnt und zusammengestellt, lauten durchaus so
wie unser Manuscript. (S. Beilage. D.)

Aus dem Angeführten ziehen wir den Schluss, dass einmal
das Werk, welches unser Manuscript enthält, dann dasjenige das
Nauclerus reasümirte und endlich jenes, welches Tschudi kritisirte, **ein und dasselbe Buch ist**. Dieser Umstand erhöht für
uns den Werth der weitern Angabe Tschudis, dass ein Johannes
Fründ der Verfasser des Buches sei, wesentlich. Dass Nauclerus
die Verfasserschaft einem Eulogius quidam zuschreibt, kann das

---

³) Als Quelle führt unser Büchlein, wie wir oben gesehen haben (vide
II. p. 22), auch Petrarca von Lancisa an. Tschudi nimmt nun diese falsche
Schreibweise in seine Excerpte auf. Der Ort bei Florenz, wo Petrarca sich
bisweilen aufhielt und von welchem er zubenannt wurde, heisst aber Ancisa, nicht Lancisa. Dieser Umstand beweist ebenfalls, dass das Exemplar
der Schrift, welches Tschudi vorlag, mit demjenigen, das unserer Handschrift zu Grunde liegt, harmoniren musste.

Tschudische Zeugniss im Wesentlichen nicht schwächen. Eulogius, dessen Nauclerus als Verfasser erwähnt, wird von dem Chronisten entschieden nicht als nomen proprium, sondern als Gattungsname gebraucht. Er wollte damit, wie übrigens schon das griechische Wort andeutet, offenbar jene Klasse von Leuten bezeichnen, welche wir Schönschwützer, Lobredner und die Franzosen beaux parleurs heissen. Ein nach der Gewohnheit der damaligen Gelehrten latinisirter Geschlechtsname scheint Eulogius ebenfalls nicht zu sein. Die etymologische Bedeutung des Wortes ist zu allgemein, um damit eine concrete Person zu bezeichnen. Wie nahe es Vergenhans übrigens liegen musste, einen Autor, der Sachen und Personen zusammenschweisste, „quae relatu digna non sunt, quia colorem veritatis non habeant", Eulogius zu heissen, bedarf keines weitern Nachweises. Konnte nun auch Tschudi, welcher dem Johannes Fründ, dessen schriftstellerischer Thätigkeit und den diesfälligen Ueberlieferungen noch nahe genug stand, um darüber Genaueres wissen und berichten zu können, über die Autorschaft unseres Büchleins an sich ein gültiges Zeugniss ablegen, so würden wir doch, treu dem skeptischen Massstab, den wir in geschichtlichen Dingen anlegen, auf dieses Zeugniss allein nicht abstellen, wenn dasselbe nicht mit andern Thatsachen und Verumständungen im Einklange stände. Das Tschudische Zeugniss wird aber insbesondere durch all dasjenige, was uns über das Leben und Wirken des Johannes Fründ, über sein Landschreiberamt und die politische Stellung, welche er während sechzehn Jahren in Schwyz eingenommen hat, näher bekannt ist, durchgängig unterstützt. Ja, man darf es keck aussprechen: Keiner wie Johannes Fründ war so befähigt, so geeignet und veranlasst, eine Schrift des Inhalts, wie die vorwürfige, zu verfassen und im fünften Decennium des fünfzehnten Jahrhunderts im Schweizerlande zu verbreiten.

Versuchen wir Solches an der Hand der spärlichen Nachrichten, die uns über Joh. Fründ — fast ausschliesslich in den Luzerner Archiven — überliefert und erhalten sind, soweit es unser Beweisthema erheischt, in gedrängter Kürze nachzuweisen. Eine ausführlichere Biographirung Fründs behalten wir uns für eine spätere Zeit vor.⁴)

Johannes Fründ war geboren in Luzern und Bürger daselbst. Er war ein homo novus und der einzige des ziemlich zahlreichen Luzernergeschlechtes dieses Namens, welcher als Staatsmann eine hervorragende Rolle gespielt hat. Ob und wie nahe derselbe mit einem Hanns Fründ, der „jn den eidgenössischen Nöten vor Basel an der Birs" erschlagen wurde, verwandt war, ist nicht auszümitteln. Das Geburtsjahr unseres Fründ fällt in den Anfang des XV. Jahrhunderts. Aus seiner Jugend ist uns nur das Eine bekannt, dass er in seiner Vaterstadt erzogen wurde, wo damals — wofür Al Lütolf sehr plausible Gründe anführt — eine Meistersängerschule blühte.⁵) Dass er auch die dortige Klosterschule der Chorherren im Hof besuchte, darf als wahrscheinlich angesehen werden. Jedenfalls scheint er eine für seine Zeit sehr sorgfältige Bildung genossen zu haben. Wie alle Arbeit, so wurde wohl damals auch das Kanzleiwesen gleichsam zunftmässig erlernt und es ist anzunehmen, dass Fründ seine Schreiberkunst zuerst als „lerknabe" auf der Stadtkanzlei von Luzern eingeübt habe. Wer zu dieser Zeit „syne Gedanken vf tütsch kantzlisch zu stellen" fähig war, musste nicht lange auf Beförderung harren.

So trat Johannes Fründ, gewandt in der Führung der Feder, tüchtig in der Handhabung der Muttersprache, des Lateinischen kundig, mit schönen Kenntnissen und Fertigkeiten ausgerüstet,

---
⁴) Ich verdanke manche werthvolle Notizen über Fründ der grossen Gefälligkeit des Herrn Dr. Theodor von Liebenau, Archivar in Luzern, wofür ich ihm hiemit meinen besten Dank abstatte. — ⁵) Vgl. Ueber Luzerns Schlachtliederdichter im XV. Jahrh. von Al. Lütolf im Gesch. Frd. Bd. XVIII. 1862.

ins praktische Leben ein. Ist auch anzunehmen, Fründ habe im Umgange mit den Chorherren, Staatsmännern und Meistersängern seiner Vaterstadt viel Gelehrtes über fremde und vaterländische Historien, Sagen, Traditionen u. dgl. vernommen, so war er selbst doch kein eigentlich „Gelahrter", der umfassende, zumal tiefe geschichtliche Studien gemacht und etwa, wie sein Zeitgenosse Hemmerlin, das römische, das Kaiserrecht und das kanonische Recht verstanden hätte. Er gehörte unfraglich mehr zur Klasse der „wysen" Männer, die in obigen Doctrinen weniger gründlich, in den Volks- und Landrechten, in Rechtsgewohnheiten und Weisthümern aber um so besser bewandert waren.

Fründ hatte in der That nicht lange auf eine seiner praktischen Vorbildung angemessene Beschäftigung zu warten. Schon 1429 erhielt er in Luzern die Stelle eines Oberschreibers. In das kritische Jahr 1437, in welchem die ersten Fehden zwischen Schwyz und Zürich über das Toggenburger Erbe am obern Zürcher See begannen, fällt seine Wahl zum Landschreiber des Standes Schwyz. Fründ bekleidete bis in das Jahr 1453, also über die Dauer des Zürcherkrieges hinaus, das Schwyzerische Landschreiberamt.*) Schon in dieser ersten Periode des leidenschaftlich begonnenen Krieges der Eidgenossen gegen Zürich entfaltete Fründ eine Thätigkeit und Wirksamkeit als Staatsmann und Schriftsteller, wie sie bisher offenbar unterschätzt und zu wenig gewürdigt worden ist.

Gleichwie der ältere Ital Reding (über den man zu Zürich spöttisch sang, „der ist der Küng zuo Schwyz") das Schwert, so

---

*) Im Archiv von Schwyz findet sich, — laut gefälliger Mittheilung des Herrn Staatsschreiber Dr. Kothing, — leider nur noch ein einziges Aktenstück und zwar vom 1. Nov. 1438, welche des Landschreibers Namensschrift Job. Fründ Cancellar. Suiten.» trägt. Man liest sie unter dem Buge der genannten Pergamenturkunde. Diese ist abgedruckt in Dr. Kothings Landbuch von Schwyz S. 68 und S. 261 berichtigt. Zürich und Frauenfeld. 1850.

war Fründ die Feder der Eidgenossen in der Zeit des Zürichkrieges. Er durfte sich rühmen, nicht nur der Geheimschreiber, sondern auch der Freund und Vertraute dieses einflussreichsten und bedeutendsten Mannes der damaligen Eidgenossenschaft zu sein. Mit einem Militärkommando war er zwar nie betraut gewesen, aber nichts desto weniger nahm er meist persönlichen Antheil an dem wilden Feld- und Lagerleben des zwölfjährigen Bürgerkrieges. Er war nicht nur Zeuge der hauptsächlichsten Kriegsbegebenheiten, sondern auch der Schriftführer der Schwyzer bei Waffenstillstandsverhandlungen, „Fridtädungen" u. s. w. Als mithandelnder Beobachter war er demnach wie Wenige geeignet, nicht nur der Geschichtschreiber des alten Zürichkrieges zu werden, sondern überhaupt der Sache der Schwyzer und ihrer Bundesgenossen gegen ihre Widersacher und „reitzigen Unglimpfer" in und ausser der Rathstube, daheim wie im Felde, das Wort zu sprechen.

So ist denn auch das Hauptwerk, welches Fründ der Nachwelt hinterliess, eine werthvolle Chronik des Krieges „dessen Sachen er je nach und nach geschrieben", und dessen Augenzeuge er war. Diese Chronik, deren Autorschaft dem fleissigen Manne lange und vielenorts abgestritten wurde, enthält zahlreiche, unzweideutige Stellen, aus welchen hervorgeht, dass der Verfasser die Ereignisse zum grössten Theile miterlebt hat, die er beschreibt. Wir dürfen uns der Mühe nicht entheben, die unser Thema beleuchtenden Hauptstellen aus der Chronik des Alten Zürichkrieges hier anzuführen. So schreibt Fründ gleich in der Vorrede zu dieser Chronik: „Darum das die herten sweren vnd trefflichen sachen vnd kriege, so zwüschend den von Swytz einsteils vnd der statt Zürich andersteils gewesen sind, yungen vnd alten vnd allen den die nu lebend oder yemer geboren werdend, dester vnuergessenlicher blibent, ouch Gottes krafft där Jnne geloppt werde, mitt des hilff vnd gnaden vnd mit des gemainlichen vfsähens vnd mit Hoffnung dess rechtens, so die von Swytz begerten vnd hofftend zů haben, si die sachen vnd kriege gegen denen von Zürich jere vyende vberwunden hand: so han ich Hans Fründ ein burger von lucern vnd ze denselben ziten lantschriber ze Swytz die löffe vnd sachen in warheit, als die an jnen selbs gewesen vnd mier wüssend sind, vnd kundbar worden, vff das aller kürzist wie vnd wär vmb sich die stösse kriege vnd misshell erhaben vnd ein ende genommen hand, in geschrifft geleit, alls hienach geschriben stät, sider die sachen zů güter mässe alle sich by minen zitten erloffen hand vnd selbs zum teil da by vnd mitt gesin bin..."

S. 35 lesen wir:

„... Ich schrib von einlifen, die sach ich da liegen vsgezogen, vnd die zalt ich..." (nämlich Zürcher, die am Etzel fielen).

Ferner S. 78:

„... Ich mag es mit worheit schriben, won ich och die gleitsbrief selber geschriben han mitt miner hand..."

S. 81:

„Diß ist die richtung von dem krieg vff kilchberg gemacht, die ich vorgenanter Schriber mit schrift vernottelt..."

S 155:

„... ich schriber schuf ouch dem botten essen vnd trinken..."

S. 198:

„... da seittend ettlich botten vss dera mund ich es hort.."

S. 211:

„Also santent sy (die Frauen von Greifensee) die eidgnossen von inen mitt gutten tugenden hinuff gen vstren in das nöchst dorf, dan ich vorgenanter Schriber vnd noch einer von Swytz in ze gleitzlüten zugegeben wurdent..."

S. 248:

„So bin ich Hans Fründ schriber vorgenant selber ze güter mas by den vergangnen sachen vnd kriegen vss vnd vss gesin als ein ander guter Eidgnos, so bin ouch im veld in allen treffenlichen Schriften, wen man ie ze velde gezogen oder gelegen ist, gemeiner Eidgnossen schriber gsin..." u. s. w.

Anfänglich bewegte sich der Streit zwischen den Eidgenossen und Zürich nach Inhalt derselben Chronik, die uns über die Persönlichkeit Fründs Auskunft gibt, innerhalb der Grenzen des eidgenössischen Rechtsganges. Allein gegen das Ende des Jahres 1438 verfinsterte sich die Aussicht und von dem Spruche, der zuerst in Bern (29. Nov. 1438), dann in Luzern (12. Dez. gl. J.) versammelten Schiedsrichter, welcher mit Anfang des Jahres 1439 dem zürcherischen Rathe mitgetheilt ward, datirt die entschieden kriegerische Stimmung in Zürich. Bürgermeister Stüssi, das Haupt und die Seele der Kriegspartei, gab keinen von Zürichs bisherigen Ansprüchen auf. Sie sollten durch Schriften, durch Umtriebe, durch Waffen, auf jegliche Weise behauptet werden. Hiebei war der Bürgermeister durch den 1432 angestellten Stadtschreiber Michael Graf von Stockach trefflich unterstützt. Ein ebenso unermüdeter, schlagfertiger Arbeiter wie Fründ, und noch weit scharfsinniger und gelehrter als dieser, erliess der Stadtschreiber Graf nach allen Seiten hin Darstellungen, Rechtfertigungen, Protestationen. Für die eidgenössischen Verhältnisse, sagt einer unserer vorzüglichern Geschichtschreiber [7]), hatte dieser Schwabe kein Herz, obwohl er sie genau kannte.

Im Bunde mit den Waldstätten vom 1. Mai 1351 hatte Zürich sich vorbehalten, ohne Einwilligung der Verbündeten, sich weiter mit Herren und Städten zu verbinden. Die Verhältnisse ihrer Kaufmannschaft und politische Affinitäten

---

[7]) Vgl. Zürichs inneres Leben während der Dauer des Alt Zür. Kr. v. J. J. Hottinger. — Schweiz. Museum 2. B. S. 124 ff.

zogen die Stadt vielfach nach Deutschland und nach Oesterreich hin. Stüssi und Graf wollten den Versuch wagen, den Gedanken Rudolf Brun's — Bildung einer selbstständigen östlichen Eidgenossenschaft in Verbindung mit dem Hause Oesterreich — zu verwirklichen.

Nachdem die Luzerner Schiedssprüche (vom 9. März und 23. April 1437) das Anrecht der Wittwe des kinderlos verstorbenen Grafen von Toggenburg für blosses Leibgeding erklärt und die Toggenburger Erbschaft in die Hände der sechs Cognaten gebracht; nachdem die letztern das Landrecht von Schwyz und von Glarus für die gesammten Erblande bestätigt und beschworen, die Grafschaft Uznach den beiden eben genannten Orten zu Pfand überlassen hatten, und nachdem endlich die, gewaltsam in das Burgrecht von Zürich aufgenommene, Landschaft Sargans am 24. Okt. 1440 der Botmässigkeit ihres Grafen wieder unterworfen, — die Erbsangelegenheit demnach rechtlich ausgetragen war: begann Zürich schon am Tage darauf wieder die Feindseligkeiten. Erst jetzt entbrannte der Hauptkrieg, der allmälich die ganze Eidgenossenschaft in Flammen setzte.

In dem erbitterten Vorspiel der Fehden und „Charmuzen", auf den „Hüten" und Vorwachen, an den Märkten in Zürich und Rapperswyl, in den leidenschaftlichen „Klagen, Antwurten und Nachworten" vor den Schiedsgerichten und an den Tagsatzungen mussten die Schwyzer und ihre Anhänger viel Unglimpf und Schmähungen von der Zürcherischen Partei hören und erdulden.

Wir entnehmen dieses nachfolgenden Stellen aus Fründs „Altem Zürichkrieg" und andern zeitgenössischen Aufzeichnungen (Hüpli, Klingenberg, Tschudi).

„So verlüffent sich viel vnfründlicher Wort vnd ward mengerlei geredt das den Eidgenossen nicht gefiel" (1436).

„Indem sie nun (an dem Zürichsee bei Pfäffikon) gen einandern mit Macht lagent, wurden viel vnfründlicher Worten zwischen jnen geredt" (1437).

„Und begondent (die Zürcher) je mer vnd mer sich gegen denen von Swyz vnd Glarus vnfründtlicher Worten vnd Werken annemen vnd redten ouch von jnen vor Herren, Städten, Edlen vnd vnedlen allenthalben jren Unglimpf, das jnen gar vnlidig war" (1438).

„Da schribent die von Zürich von Pfeffikon harus einen vnfründtlichen Brief vnd schribent jnen nit mer eidgenossen denn gar slechtiklichen dem landammann, den räten alten vnd nüwen vnd den landlüten ze Swwyz" (1439).

„Do gondent si (die Zürcher) sich wunderlich stellen mit bösen Worten die sie reddent, namlich vnd ane vnderlass, die eidgnossen wärint küge geyer vnd desglich."

„Und besonders so kam den von Swytz grosse clegte von den jren wen die ieren gen raperswyl ze markt furent mit irem smaltz vnd anderm, das si dann vnfründtlich vnd vnerberlich gehalten wurdent mit bösen schalkhaftigen worten..." u. s. w.

Diese Schmähungen und Verleumdungen fassten die Boten von Schwyz (Ital Reding, Hans ab Yberg und Ulrich Wagner) schon am Rechtstag zu Luzern (Februar 1437) in ihrer Antwort auf die Klage der Zürcher (Stüssi und Graf) in die Beschwerde zusammen: die zürcherische Partei streue über die Schwyzer und ihre Bundesgenossen aus, sie wären bundesbrüchige, meineidige, mörderische, am Eigenthum der Stadt Zürich räuberische, überhaupt schändliche Menschen, welche Kühe für Weiber brauchen und an Ital Reding einen ihrer würdigen Landammann haben, der jenem alten Landesverräther von Zürich, dem Erishaupt, nicht bloss gleich, sondern des Rades vollkommen werth wäre.[s])

---
[s]) Vgl. Tschudi, Chron II. 239 und Joh. Müller Schweiz. Gesch. III. B. 2. Ablh. Kap. 5.

Die nach der einseitigen Darstellung zürcherischer Quellen geschriebene Ainwyler, beziehungsweise Wüstische Chronik berichtet über den Tag zu Luzern:

„Besonder von der Bünden wegen redten si ainander übel zuo vnd vergiengent sich vil schalkhafter worten, vnd schenzleten ainander fast, vnd als fast, dass die aidtgenossen die sachen vnd vngeschriften bi inen behuoben, denn die sachen in geschrifft fürbracht wurden." [9]

Im Sommer 1443 wurde, wie Aegidius Tschudi meldet (II. 358), „mengerley liedlin zů Rapperschwyl vnd zů Zürich denen von Schwyz gesungen, daruß vil widerwillens entstůnd vnd man inen andere lieder sang." Ich führe hier beispielsweise das bekannte, im Winter 1442 auf 1443 verfasste, Schmählied Isenhofers an, welches mit der Strophe beginnt:

„Wol uf, ich hör ain nüw gedön
der edel vogel sang."

In demselben heisst es an einer Stelle:

„die bluomen sind erfroren,
dem adel alls zu laide
hand puren zesamen geschworen."

Ferner in einer andern Stelle:

„Blüemi läss din lüejen,
gang hain, hab din gemach,
es geraut die herren müejen
trink uss dem Mülibach."

und:

„Den puren wirt ir gwalt gezuckt,
Das tuot der pfawenschwanz."

In der siebenten Strophe wird Bern vor einem Bündnisse mit den Eidgenossen ganz besonders gewarnt und die Erwartung

---

[9] Vgl. die sog. Klingenberger Chron. IV. Abth. Cap .27. p. 239. herausgeg. v. Dr. A. Henne, Gotha 1861.

ausgesprochen, dass dieser mächtige Stand es mit dem Stadtregiment in Zürich halten werde:

„Ich mein iez die von Berne,
tund ouch als mis denn dunkt,
uns zündt ain nüwer sterne,
haiter ist sin funk.
ir hannd vil mengen puren,
gewunn es sinen gang,
si brechen üch durch muren,
si sparten es nit lang."

In dem „süberlich (Gegen-)liedlin von eidgenossen" aus derselben Zeit, ist, auf die Handelsleute in Zürich anspielend, in der dreizehnten Strophe bemerkt: die Zürcher hätten sonst kein Geleit gebraucht, wenn sie aus den Thoren zogen, jetzt aber tragen ihre Kaufleute Schmuggelwaaren bei sich, darum bedürften sie des österreichischen Schutzes.[10]

Allein weit mehr noch als durch Verbalinjurien, Schmähschriften und Spottlieder, mussten die Schwyzer und ihre Bundesgenossen durch die heimtückischen, diplomatischen Schachzüge und Korrespondenzen von Stüssi und Graf, sowie durch die fortgesetzte Lebensmittelsperre und durch das Bündniss empört werden, welches die Zürcher zu Aachen auf Sonntag nach Veit im Jahre 1442 mit ihrem Erbfeinde Oesterreich abgeschlossen hatten.

Dazu kam, dass König Friedrich III. den Eidgenossen, mit alleiniger Ausnahme von Ury, die nachgesuchte Bestätigung der alten Freiheiten und Privilegien fortwährend verweigerte.

All das war des Hasses, der Unbilden und Feindseligkeiten

---

[10] Vgl. »Histor. Volkslieder der Deutschen vom 13.—16. Jahrh.» herausgegeben von R. v. Lilienkron. Leipzig 1865 Bd. I. p. 383 ff. und G. Meyer v. Knonau: «Die schweiz. histor. Volkslieder d. XV. Jahrb.» — Zürich 1870.

zu viel, als dass die Schwyzer und ihre Freunde nicht ernstlich Bedacht darauf hätten nehmen sollen, die Stüssischen und Grafschen Praktiken ihrerseits zu paralysiren. Sie erliessen daher unter Anderm an die Städte in Schwaben, in Franken und am Rhein, von denen sie annehmen konnten, sie möchten ihnen nicht abgeneigt sein und gegen sie freundlichere Gesinnungen bethätigen, das denkwürdige Memorialschreiben vom 15. Mai 1443.

Der Verfasser dieser Staatsschrift war höchst wahrscheinlich, schon vermöge seines Amtes und seiner Bestallung als Landschreiber, unser Hans Fründ.

Dieselbe stellt zuerst der Behauptung, als seien die Schwyzer ein ungeschlachtes, gemeines, mörderisches und räuberisches Bauerngesindel, die Geschichte ihres „wahren", ehren- und ruhmvollen Ursprunges entgegen und erzählt die glorreichen Waffenthaten, welche schon ihre Altvordern vollbracht haben. Gegenüber dem beharrlichen Verweigern der Bestätigung ihrer Freiheitsbriefe durch den Kaiser beruft sich die Denkschrift speciell auf die alterworbenen kaiserlichen und königlichen Freiheiten und Privilegien der Schwyzer.

„Und ist war, sagt das Missiv wörtlich, das wir von vrsprung vnsers landes Swytz von gnaden gottes ane alles mittel gehörig gwesen vnd hütt by tage gehörig sind zu dem heiligen römischen rich; es habent ouch vnser vorderen vor vil hundert jarn römischen keiseren vnd küngen von des heilgen römischen richs wegen gereisett vnd gedienett gen rom, gen bisäntz vnd an andern verre vnd usländische end, als des richs gehorsamen vnd getrüwen vnderthanen. Sämlich trüw vnd dienste römisk keiser vnd künge vor vnd nach bedacht vnd vnser vordren vnd ouch vnser lant begnadett vnd begabett hant, mit iren volkomnen keiserlichen vnd künglichen gnaden, fryheiten, die wier da ie vnd ie vntzit har vnd hüt by tage vns erbotten."

Bezüglich der von den Zürchern erlittenen Schmähungen u. s. w. bemerkt das Missiv:

„Mit semlichen vnd andern sachen si uns vnd den vnsern mit verachtung vnfründlicher Worten vnd Werken halb erzöugent, deshalb wir vnd die vnseren alle tag unser Eer, lib vnd gut von jnen besorgen müssend"...

Das Sendschreiben rechtfertigt dann im Weitern die von Schwyz den abgefallenen, friedensbrüchigen Zürchern und dem Hause Oesterreich gegenüber eingehaltene Politik. Schwyz und die Eidgenossen behaupteten nämlich wohl mit Recht, dass der gewillkürte Gerichtsstand der Bünde dem reichsgesetzlichen vorgehe und dass Zürich bei richtiger Auslegung des Bundes von 1351 den Eidgenossen auch um seinen Bund mit Oesterreich austrägalgerichtlich Red' und Antwort zu geben habe.

Friedrich III., welcher seinem Hause die verlornen aargauischen Stammgüter wieder gewinnen wollte, war gegen die Schwyzer und ihre Bundesgenossen nicht nur als Haupt des österreichischen Hauses, sondern auch als Reichsoberhaupt feindselig vorgegangen und hatte in letzterer Eigenschaft die Stände des Reichs gegen die Eidgenossen zum Schutze der Reichsstadt Zürich aufgemahnt.

Gerade aus diesem Grunde hebt nun das Missiv nachdrucksamst und nicht ohne Geschick den Unterschied hervor zwischen der Person des Kaisers, als Haupt des Reiches, dem Schwyz in unverbrüchlicher Treue anzuhangen geneigt sei, und seiner Eigenschaft als Herzog von Oesterreich, dem alten Erbfeinde der Eidgenossen, nunmehrigen unnatürlichen Verbündeten Zürichs.[11])

---

[11]) Vgl. E. Tschudis Chron. helv. II. p. 365

Es erscheint sehr begreiflich, dass Landammann und Rath von Schwyz nicht officiell in die Welt hinausschreiben lassen konnten, Schwyz habe von Ursprung an ohne alles Mittel zum Reiche gehört und den römischen Kaisern und Königen gen Rom, gen Bisantz u. s. w. treue Kriegsdienste geleistet und es sei dafür mit königlichen Freiheiten begabt worden, ohne dass sie sich verfasst hielten, diese Behauptungen mit geschichtlichen Thatsachen zu belegen. Für diesen historischen Nothbedarf hatte der gleiche unermüdliche Landschreiber Fründ rechtzeitig Position genommen und für das Erforderliche zum Voraus gesorgt. Tschudi behauptet, schon im Jahr 1440 habe Fründ seine Chronik über das Herkommen der Schwyzer verfasst. Die zwei Stellen der Schrift, in welchen von dem Herzogthum Oesterreich und dem Grafen von Habsburg die Rede ist, scheinen ausser Zweifel zu setzen, dass dieselbe jedenfalls vor Abschluss des Aachener Sonderbündnisses, d. h. vor dem Brachmonat des Jahres 1442 abgefasst worden ist. Nach dem Bekanntwerden des Aachener Bündnisses würde der Verfasser kaum mehr geschrieben haben, die Voreltern der Schwyzer hätten weiland mit **gnädiger Erlaubniss des Grafen von Habsburg im Herzogthum Oesterreich** von ihrem Lande Besitz genommen, um „die Walstet, Berg vnd tal zů rüten vnd zů husen". Eine spätere Chronik, von der wir weiter unten sprechen werden, das „Weisse Buch" von Sarnen, hat denn auch nicht ermangelt, die den Einwanderern ertheilte Niederlassungs-Erlaubniss, statt vom Hause Oesterreich, von **Kaiser und Reich** ausgehen zu lassen.

Das Missiv an die Reichsstände sollte, wie aus dem Gesagten klar hervorgeht, der Chronik gerade so den Stempel des **officiellen Charakters** aufdrücken, als hinwieder letztere den factischen Behauptungen, die in dem merkwürdigen Sendschreiben enthalten sind, zur **historischen Unterlage** dienen musste. Die eine Schrift ergänzte die andere.

Unaufgehellt bleibt noch die auffallende Inscenesetzung der Hasler und ihre Identificirung mit den Schwyzern. Warum hat der Verfasser der Schwyzerchronik die Oberhasler, die schon seit 1332 unter Bernischer Hoheit standen, an dem Ruhme edler Abstammung und des Besitzes uralter Freiheit mit den Waldstättern Theil nehmen lassen?

Der Beweggrund liegt auf flacher Hand. Es sollte diese Inscenirung nicht nur dazu beitragen, an den Haslern eine Stütze zu bekommen, sondern das mächtige Bern selbst, das sich an dem Kriege gegen Zürich, von dem es persönlich gar nicht berührt wurde, nur ungerne betheiligte und das anfänglich weit mehr für das verwandte Zürcherische Stadtregiment, als für die Länder sympathisirte, — gegen Zürich umzustimmen und für letztere zu gewinnen.[12])

Das benachbarte Bernische Kernvölklein, die Oberhasler, welche vielfach mit den Unterwaldnern in freundschaftlichem Verkehre standen und „von Alters her auch an das römische Reich gehörten", galt in vielen Beziehungen als ein Juwel im Kranze der Herrschaften unserer gnädigen Herren von Bern. Fochten die „erberen, frommen von Hasle" nicht 1339 mit 300 „gewapnot man" für Bern in der Schlacht bei Laupen? Ward ihnen dafür nicht „allen lob vnd dank geseit vnd erbutten die von bern sich inen alweg ze tunde mit lip vnd mit gut, was inen liep, nutz, ere vnd dienst were"? Führten nicht um dieselbe Zeit, als die von Bern „gebresten an spise hatten, wond nieman getorst inen kouff zuführen vnd wes si notdürftig warent mit der paner reichen mussten zo Spiez" — die von Hasle und von Unterwalden ihnen die nothwendigen Lebensmittel zu? Zogen die von Hasle nicht mit den Bernern 1352 vor Zürich und fochten sie nicht mit ihnen 1419 gegen die Walliser?[13])

---

[12]) Vgl. hierauf bezügl. Bemerkungen in Thüring Frickarts Twingherrenstreit. — [13]) Vgl. Justingers Berner Chronik. Studersche Ausgabe. P. 62. 86. 94. 117. 270.

Bei solchen geschichtlichen Vorgängen konnte wohl die in unserer Schrift erzählte Stammes- und Schicksalsgenossenschaft der Waldstätter und Hasler Einiges dazu beitragen, Berns Theilnahme am Kriege gegen Zürich erzielen zu helfen und wach zu erhalten.

Die Schrift über das Herkommen der Schwyzer und Oberhasler scheint auch wirklich zur Erreichung des von ihr beabsichtigten Zweckes beigetragen zu haben. Die Stadt Bern, — allerdings in erster Linie für das beschworne Bundesrecht und die Erhaltung der bedrohten Eidgenossenschaft einstehend, — trat dem Kriege der Eidgenossen gegen Zürich endlich, wenn auch ungerne, bei und man weiss, welche wesentliche Hülfe die bernische Reiterei und Artillerie namentlich im Jahre 1443 den Schwyzern und ihren Bundesgenossen geleistet haben.

Einen ähnlichen günstigen Erfolg hatte das Missiv vom 15. Mai 1443 bei den Reichsstädten. Denn als der Georgenschild des Viertels Hegau an den, mit ihm gegen die Eidgenossen verbündeten Grafen Ulrich von Württemberg am 3. September 1443 eine Mahnung zur Kriegsbereitschaft erliess und eine solche von Friedrich III. an das römische Reich erging, verweigerte letzteres die geforderte Hilfe und die schwäbischen Reichsstädte insbesondere wussten sich neutral zu halten. Auf geschehene Anmuthungen gaben diese zur Antwort, die Fehde ginge nicht das Reich, sondern Oesterreich an. Sie hatten, schreibt v. Stälin, ein Mitgefühl für den Freiheitssinn der Schweizer und wenig Neigung zu der vorkämpfenden Ritterschaft, an deren Einigung vom Jahre 1442 sie keinen Antheil genommen hatten.[14])

In den bisher gegebenen geschichtlichen Nachweisen liegt die Veranlassung, die Entstehung, die Vaterschaft und der Zweck der Schrift über das Herkommen der Schwyzer. Von

---

[14]) Wirtemb. Gesch. von Ch. F. v. Stälin. III. Th p. 463.

ihr gilt recht eigentlich was Lilienkron von den politischen Dichtungen so richtig bemerkt: Sie war aus den Zeitbegebenheiten als eine unmittelbare Folge derselben hervorgegangen. Ihre nächste Absicht war darauf hingerichtet, auf den weitern Gang der Ereignisse unmittelbar einzuwirken, „indem sie die Gemüther stimmen und die Geister im Volke für eine bestimmte Auffassung der Sachlage gewinnen sollte."

Ich musste darum die historischen Hergänge der Zeit, der die Schrift entstammt, wenigstens insoweit vergegenwärtigen, dass ich die Seiten der Ereignisse und Streitfragen ins Gedächtniss zurückrief, auf welche die Schrift hinzielte. Meine Erklärungen wollten kein Gemälde des Alten Zürichkrieges geben, sondern unserer kleinen Chronik lediglich den unsern Blicken entschwundenen Hintergrund in den nothwendigsten Umrissen unterlegen und deren concrete Beziehungen aufdecken.

Des Landschreiber Fründ's Verfasserschaft der Chronik anbelangend, bleibt mir schliesslich noch ein Moment zu berühren übrig.

Prüft man Inhalt und Form des kleinen Werkes, so gelangt man zu der Ueberzeugung, dass dasselbe zwar einen patriotisch gesinnten und wohlunterrichteten, aber keinen, auch nach der damaligen Zeit wirklich gelehrten Verfasser verräth. Gerade als einen solchen Mann haben wir aber unsern Landschreiber kennen gelernt.

Führte es nicht zu weit, so könnte man auch eingehender nachweisen, dass Sprache, Styl und Schreibart, deren sich der Autor der kleinen Schwyzerchronik bedient, von der Schreibweise nicht wesentlich abweicht, welcher wir in seinem „Alten Zürichkriege" begegnen. Wir übergehen z. B., dass sich hier wie dort die Formen harum, harin, mier, ier, mitt, nitt, die Verdopplung der Consonanten (häufig als blosse Schreibeschnörkel), der Wechsel zwischen u und v, die Formen thein, söm-

lich (tantus), treffenlich, hût, werinen u. dgl. vorfinden. Man
begegnet diesen Schreibeformen auch in andern Schriftwerken
des fünfzehnten Jahrhunderts. Als dem Hans Fründ schon mehr
eigenthümlich führe ich dagegen an: die in beiden Werken an-
gewandten doppelten Negationen, die zwei- und dreigliedrigen
tautologischen Redensarten wie: erholt, enpfangen ond verdient;
berufft ond beschickt; gemant ond erfordert (G); beruft, gemant
ond erfordert (Z. Kr.) etc.; endlich die Umschreibung des Imperfectums mit dem Hülfszeitwort und dem Infinitif des Hauptverbums, z. B. wurdent sy sich bestätten (G); wurdent sich
sament onterreden (Z. Kr.) etc. Hinwieder hat allerdings der
Zürichkrieg einige alte Formen, die vermuthlich der Copist von
1546 aus seiner Vorlage fallen liess, z. B. dhein (G chein), ald
(G oder), es enhalf nüt, ioch (G ouch), laussen (G lassen) en-
wölltend u. drgl.

  Aus dem Allem darf man wohl den berechtigten Schluss ziehen, der Verfasser des „Alten Zürichkrieges" sei auch derjenige
unserer Abhandlung über das Herkommen der Schwyzer und
Hasler und letztere müsse ihrem ganzen Inhalte nach in Wahrheit als eine politische Tendenzschrift aufgefasst werden.

V.
Erfolge und Schicksale der Fründischen Schrift.

Obwohl Fründ seine Schrift über den Ursprung der Schwyzer und Hasler wohl berechnet im Allgemeinen in eine ganz objectiv gehaltene, geschichtliche Form, ohne alle politische Färbung einkleidete, scheint uns doch in einer Stelle die Animosität gegen Zürich durchzuschimmern.

Blickten die, einen weit reichenden Handel treibenden, Städtler von Zürich auf die Viehzucht treibenden Ländler hinten in den Waldkantonen mit Verachtung herab, so verhöhnten diese dagegen den Krämergeist und das Krämervolk in Zürich, dessen Regierung sich bald zu dem einen, bald zu dem andern seiner mächtigen Nachbarn hinneigte und sich dadurch oft zu einer nicht nur schmiegsamen und zweideutigen, sondern auch wort- und eidbrüchigen Politik erniedrigte.[1]) Darum stellte Fründ das von den Kaisern Honorius und Arcadius gegebene einfache Wort und Versprechen höher, als den Eidschwur eines Kaufmanns: „Wann aber nun gar ein schlecht verheissung und ein wortt Eines Fürsten sol me übertreffen, dann Einss Koufmans schweren, do wolten die Keiser Ir wortt statt halten und Ir verheisung nitt brechen."

Sei dem jedoch wie ihm wolle, gewiss ist, dass die Feinde der Eidgenossen über die Absicht und den Charakter der Frün-

---

[1]) Wagten doch die Zürcher in einem Missiv an die Eidgenossen vom 10. Herbstmonat 1442 das Bündniss mit Oesterreich als eine für die Eidgenossenschaft gleichgültige, für ihre Kaufleute aber nothwendige Form der Herstellung des (durch den Sarganserkrieg) unterbrochenen guten Einvernehmens mit Oesterreich darzustellen. (Vgl. J. Müller, Schweiz. Gesch. III. Bd. 2. Abth. 10. Kap.)

dischen Schrift keinen Augenblick im Zweifel sein konnten. Von ihnen wurde sie auch bald als das erkannt, als was nun auch wir sie kennen gelernt haben, als eine politische Tendenzschrift.

Der Wortführer der zürcherisch-österreichischen Partei, Felix Hemmerlin in Zürich, fand sich denn auch vor Allen berufen, auf die Fründische Schrift zu antworten und sich in seiner Erwiderung namentlich über das Herkommen der Schwyzer und die Art, wie sie und die übrigen Waldstätter zu ihrer Freiheit und zu ihrem Bunde gelangt seien, einlässlich zu verbreiten. Der zürcherische Chorherr, Freund Stüssi's und Staatsconsultor, entledigte sich seiner Aufgabe, indem er den, schon um das Jahr 1444 begonnenen, aber erst 1450 bekannter gewordenen, geharnischten Dialog „De Nobilitate et Rusticitate" vom Stapel laufen liess, in welchem er ein besonderes, ebenso gelehrtes als boshaftes Kapitel „De ortu Suitensium" eingeschaltet hatte. In seinem Pamphlete bestätigte Meister Hemmerlin im Allgemeinen die von der österreichischen Partei in Zürich über die Schwyzer in Umlauf gesetzten Beschimpfungen und Verleumdungen, sie seien Kuhgyren, eine Abart viehanrüchiger, ungeschlachter Bauern, weit entfernt Abstämmlinge einer edlen Race zu sein. Was aber die Schwyzer und Eidgenossen am meisten empören musste, das war die Behauptung Hemmerlins: der Waldstättebund habe mit frevelhafter Empörung und Meuterei gegen den rechtmässigen Landesherrn, mit der meuchlerischen Ermordung seines Castellans, kurz mit Missethaten der verworfensten Art seinen Anfang genommen, wie sie hier zum ersten Male von dem Zürcher Chorherrn erzählt werden.

Gleichwie sich Fründ, die Abstammung der Schwyzer betreffend, auf den wortspielerischen Gleichklang von Suetia, Schweden, und Suitia, Schwyz, warf, um daraus die ethnologische Verwandtschaft der Schweden, Sueci, mit den Schwyzern, Suitenses, zu folgern, so bereicherte der gelehrte Magister Malleolus die Abstammungssage mit einem neuen „Kern", indem er herausetymologisirte, der Name Schwyzer müsse von Switten, schwizen abgeleitet werden. Die Schwyzer seien nämlich nichts anderes als Abkömmlinge jener besiegten Sachsen, welche Karl der Grosse zur Bewachung des Alpenpasses gegen die Lombardei in das Engthal (Vallis arta) verbannt habe, wo heute das Dorf Arth sich befinde. Diese Sachsen, an ihrem Verbannungsort angekommen, hätten dann ausgerufen: „Wir wollen hie switten" (schwitzen). Daher sei der Name der Schwyzer entstanden.

Man sieht, dass in diesem Federkrieg der geschichtskundigere Hemmerlin seinem Gegner in Schwyz nichts schuldig blieb. Die spitze Bemerkung, welche Fründ über die fides mercatoria der Zürcher hatte fallen lassen, war von Hemmerlin in vollgerütteltem Masse zurückbezahlt. So kann man sich's auch erklären, wie die Eidgenossen, selbst nach Beendigung und Verschmerzung des Krieges (1454), einen Mann, der eine solche Genealogie über die Schwyzer erfunden und die Entstehung des Bundes der Waldstätte auf so hämische Weise entstellt hatte, gefangen nehmen und an den Schatten setzen konnten.

Das witzig aber leidenschaftlich geschriebene Pamphlet Hemmerlins vermochte nicht zu verhindern, dass Fründs geschichtliche Darstellungen in immer weiteren Kreisen bekannt wurden. Obwohl dieselben, weil in Prosa abgefasst, in ihrer Verbreitung räumlich auf einen engern Kreis beschränkt bleiben mussten, als politische Lieder und Dichtungen, die von männiglich gesungen wurden, so war ihre unmittelbare Wirkung doch eine bedeutende und folgenreiche, und zwar vorweg, wie sich von selbst versteht, in den Waldstätten.

Zwanzig und einige Jahre nach Abfassung der Fründischen Schrift begegnen wir im Obwaldner Landbuche, von dessen

Einband das „Weisse Buch" genannt, — einer Chronik, welche (geschrieben zwischen 1467 und 1476) den „Anefang der dreyer ländern" erzählt wie folgt:

„Von Swiz ond Underwalden, wie sy
   da har gar Erlich kommen sind."

„Zum Ersten, do ist V r e das erst land das von eim Römischen Rych empfangen hat, das jnnen gönnen ist, da ze Rüten ond da ze wönen."

„Demnach sind Römer kömmen gan V n d e r w alden, den hat das Römsch Rych oŭch da gönnen ze Rüten ond da ze wönen, des sind sy gefryett ond begabet."

„Darnach sind kömen von Sweden gan Swytz das der a da h e i m ze vil was, die en p f i e n g e n v o dem Römschen Rych die Fryheit, on d würden begabet da ze bliben ze Rüten ond da ze wönen."

Der Verfasser der Sarner Chronik blieb bei der Fründischen Schwedensage nicht stehen, sondern beutete dieselbe, durch Aufnahme der dänischen Sage des Schützen Toko und durch Umwandlung des letztern in den Schützen T h a l l, weiter aus und brachte damit die Geschichte von Staufachers Geheimbund in Verbindung. Er machte es sich überhaupt zur besonderen Aufgabe, die beleidigende und schmachvolle Geschichte Hemmerlins über die Entstehung der Freiheit und des Bundes der Eidgenossen durch eine neue, erweiterte, ehrenvollere zu ersetzen. Diese sollte den Beweis leisten, dass die Waldleute sich rechtmässig gegen die Habsburgische Frevelherrschaft erhoben und wider diese ihr Schutzbündniss geschlossen hätten.

Dass aber Fründs Schwyzerchronik insbesondere in S c h w y z selbst sehr populär werden musste, ist einleuchtend. Am Anfang des XVI. Jahrhunderts wurde sie sogar zum Gegenstande einer legislativen Verfügung der Landsgemeinde gemacht.

Am Ostermontag des Jahres 1531 ist nämlich „vff der fryen

weidhub an einer offnen, berufften Landsgemeindt für sich genomen bedacht vnd betrachtet worden, unser fromen altvordern harkommen, wie die vß S ch w e d e n von hungersnott wegen mit dem Loß ußgetrieben. Und als sy von dem Land Schwedyen usgangen, hat man Inen befolchen, das sy sich theinen Irdischen herren underwerffen noch eygen machen, sunder allein dem herren Gott, der sy erschaffen vnd dem waren gottessun Christo Jesu, ... und dem zu Eeren Lob und Dank .... sölten sy zů der stund sines todts Betten fünff pater noster, fünff ave maria vnd einen christlichen glouben ... Semlichs haben gemelt unser gemeinen Landtlütt angesechen und semlichs wiederum ernüwert und mit einhelligen meer uff sich genomen, das alle unsre Landtlütt, und wer by uns wonen wil, zů der zit, so man mitten tag lütet, Einer sy in holtz oder in feldt, oder wo einer sy, söllten uffknüwen und Betten Cristo Jesu in sin Liden mit zerspannen armen 5 pater noster und so vil ave maria und einen Cristlichen gloůben ane geferde."[*]

Dass auch die, angeblich aus Schweden miteingewanderten Hasler, bald nach der Abfassung des Fründischen Büchleins in den Besitz einer Kopie desselben gekommen sein mussten, ist sehr begreiflich. Die alte, erste Abschrift, die über den Brünig zu ihnen gelangte, ist aber nach Annahme der Reformation umgearbeitet und erneuert worden. Von allen katholischen Erinnerungen und Anspielungen wurde sie gründlich gereinigt, bis sie diejenige Gestalt erhielt, unter der wir sie als Handschrift H vom Jahre 1534 oben kennen gelernt haben. Diese Umschreibung und Aenderung wurde unzweifelhaft nicht von einem Hasler, sondern in Bern selbst vorgenommen; denn als die Hasler 1528 mit den aufrührerischen Gotteshausleuten von Interlaken für Beibehaltung des alten Glaubens gemeinsame

---
[*] Vgl. Landbuch von Schwyz, herausgeg. v. M. Kothing. Zürich und Frauenfeld, p. 172.

Sache machten und durch Landsgemeindebeschluss vom Juni gleichen Jahres, mit Hülfe der Unterwaldner, die Messe wieder einführten, mussten sie durch Gewalt zur Annahme der Reform und zur Anerkennung der Oberherrlichkeit Berns gebracht werden. Bei diesem Anlasse sind den Haslern ihre Freiheitsbriefe, Urkunden, Urbarien u. s. f. genommen, nach Bern gebracht und diese ihnen erst nach einigen Jahren wieder zurückgestellt worden. Kein Wunder also, wenn in der Handschrift H in der Bitte an die beiden Kaiser jene Hauptstelle des Originaltextes „dz wier vnnd vnnser nachkommen keynem wältlichen gwalt vnderthänig ze sin ouch keynenn gebotten gehorsam ze sin, vßgenommen dem christenlichenn keyser..." — völlig mangelt. Sie wurde von den ungnädigen Herren in Bern kurzweg ausgemerzt.

Eine sehr populäre Verbreitung erhielt Fründs Erzählung durch das sog. Oberhasler Ostfriesenlied, von dem ausdrücklich bemerkt wird, dass es „nach Inhalt der Chronik gesetzt, zur gedächtniss gesungen und geschwetzt" worden sei. Wir verweisen bezüglich dieses ziemlich berühmt gewordenen Liedes auf: ‚Rochholz' „Eidgenössische Liederchronik", wo es, wie leider Alles, was diese Sammlung enthält, theilweise modernisirt p. 381 —396 abgedruckt erscheint.

Die Kunde von dem angeblich Friesischen Ursprunge der Hasler hat sich auch im Frutiger Thale schon früh verbreitet. Im Jahre 1505, so erzählt eine Urkunde im Frutiger Landbuche, seien am Samstag nach unsers Herrn Fronleichnamstag fünfundvierzig Frutiger nach dem Hasli gezogen, um dort an einer Fastnachtslustbarkeit Theil zu nehmen. Man habe die Frutiger damals, nach ihrem feierlichen Einzuge in die Kirche geführt, habe ihnen das Landesbanner gezeigt und die Landeschronik vorgelegt, worin zu lesen stand: „wie sie (die Hasler) dahar komen sigen vss dem land Schweden und Norwegen, von großem hunger allweg der X Mann mit sinem hußgesindt vß eignem vaterland schweren müssen, kamennt jn das Land Haßle, das dozemol ein vnbuwen ort war, huben daselbs an ze buwen vnd zu werken, mit vil ander worten jn derselben kronek begriffen."

Gegen das Ende des sechszehnten Jahrhunderts (nach 1583) reimte ein Frutiger Verseschmied, Namens Gläwy Stoller, ein „**Fastnachtlied der Frutiger und Oberhasler**" zusammen, in welchem der Fründischen Erzählung unter Anderm getreulich nachgesprochen ist:

„Also hab ich vernommen
Wie sie (die Hasler) entsprungen sind,
Aus Friesland sind si kommen.
Mit man vnd wib und kind."

Dass Fründs Chronik über das Herkommen der Schwyzer in dem, an Chronisten und Liederdichtern fruchtbaren, an Bildung für jene Zeit verhältnissmässig hervorragenden Luzern, dem ältesten Gliede der Eidgenossenschaft nächst den Waldstätten, bald bekannt und in Prosa wie in Versen verarbeitet wurde, ist sich nicht zu verwundern.

Wir berühren hier zuerst Petermann Etterlin, welcher in seiner 1507 erschienenen Eidgenössischen Chronik von der Fründischen Erzählung unzweifelhaft Gebrauch gemacht hat.

Nicht alle Waldleute, meint Etterlin, seien **schwedischen Ursprungs**. Die Urner, schreibt er, stammen von einer Abtheilung Gothen ab, die in die Gebirge geflohen seien, als ihr Volk von Belisar aufs Haupt geschlagen worden. Die Unterwaldner macht er zu Abstämmlingen von Römern, welche Italien in Folge von Bürgerkriegen hätten verlassen und in den Alpen eine Zufluchtsstätte suchen müssen. Zuletzt sei die Landschaft Schwyz bevölkert worden und zwar von **Schweden** aus.

Die „alte wahre Historie", woraus Etterlin die Geschichte der schwedischen Einwanderung geschöpft zu haben angibt, kann offenbar keine andere sein, als Fründs kleine Schwyzerchronik.

Alles was in derselben hierüber berichtet wird, steht auch bei Etterlin, freilich „zum kürzisten ussgezogen", wie er bemerkt. Etterlin ist aber dabei nicht stehen geblieben, sondern hat noch an zwei Orten ergänzende Zuthaten angebracht. Einmal sagt er, die Schweden hätten am Vierwaldstättersee Niemanden angetroffen, als einen Fährmann bei der Fähre zu Brunnen, wo sich stets eine solche befunden habe. Ihre Absicht sei eigentlich gewesen bis nach Rom vorzurücken, allein ein Sturm habe sie am diesseitigen Seeufer festgehalten. Während dieser Zeit hätten sie die Gegend durchstreift und, da sie einige Aehnlichkeit zwischen ihr und dem verlassenen Heimathlande gefunden, seien sie dadurch zum Bleiben und zur Ansiedelung bewogen worden.

Etterlin kennt blos zwei Anführer des Heereszuges der verbannten Auswanderer, einen Schwit, in dessen Namen wir eine Abkürzung des Fründischen Schwitzerus oder Switernus erkennen, und einen Scheyg. Zwischen diesen beiden Brüdern entspinnt sich ein Streit um die Entscheidung der Frage, wer von ihnen beiden der neuen Ansiedlung den Namen geben soll. Ein Zweikampf entscheidet zu Gunsten von Schwit.

Dem in solchen Dingen sonst wenig skrupulösen und keineswegs zweifelsüchtigen Etterlin muss der Name Remus, welchen Fründ dem zweiten Anführer der schwedischen Emigrirten verleiht, doch als eine zu plumpe Nachahmung der römischen Legende vorgekommen sein. Wenigstens fand er für nöthig, diesen Namen zu germanisiren und in Scheyg umzuwandeln.

Um so auffallender ist es, dass Etterlin einen andern Hauptzug aus der Gründungsgeschichte Roms aufgenommen und nach Schwyz verpflanzt hat, nämlich den Bruderkampf um den Namen der neuen Ortschaft, während Fründ der Versuchung widerstanden hatte, die altrömische Sage noch mehr auszubeuten.

Ein Landsmann des Chronisten Etterlin, Nikolaus Schradin, Schreiber zu Luzern, hatte schon 1499 die Fründische Erdichtung zu seiner Reimchronik vom Schwabenkrieg benutzt. Schradin ging von dem Grundsatze aus:

„Es sei notürfftig vnd gůt
Was man zů zytten gloubt oder důt,
Das man das merk vnd vfschrieb,
Damit ein ding im gedächtnuß blyb."

Getreu dieser Chronistenregel flocht dann auch der Dichter die ganze Erzählung Fründs über die Herkunft und die alten Kriegszüge der Schwyzer mit allen Daten, Begebenheiten und Namen der Helden in seine Knittelverse „glöubig" ein und trug mit dem Ostfriesenlied nicht am wenigsten dazu bei, dass sie zur Volkssage wurde. (Vide Beilage B.)

Ich habe oben nachgewiesen, dass die Fründische Schrift, als der Pendant des Missivs, welches Schwyz im Mai 1443 an verschiedene Reichsstädte erlassen hat, betrachtet werden müsse. Es sind also wohl auch Abschriften dieser Chronik nach Deutschland verschickt worden. Der Beweis hiefür ist mit der Copie von 1497 — der ältesten der vorhandenen — die wir in der Urkunden- und Schriftensammlung des Hartmann Schedel in Nürnberg gefunden haben, sattsam geleistet.

Aber auch in den Besitz eines andern deutschen Nachbars, des Johannes Nauclerus in Tübingen, war, wie wir wissen, ein Exemplar der Fründischen Chronik in der zweiten Hälfte des XV. Jahrhunderts gelangt. Ich habe Nauklers Chronik, in welcher Fründs Schrift Erwähnung geschieht, bereits oben angeführt (S. 9). In der Beilage C. findet man den bezüglichen Auszug aus derselben.

Mit der Erscheinung des Naucler'schen Geschichtswerkes im XVI. Jahrhundert begann die Skepsis gegen Fründs Dichtungen und wurden die ersten wissenschaftlichen Angriffe auf sie gemacht. Während nämlich Schedel Fründs Arbeit einfach abgeschrieben hat, ohne deren Inhalt einer Kritik zu unterwerfen, so war hingegen Nauclerus der erste, der die groben Nähte aufdeckte, mit denen Fründ seine Phantasiestücke zu historischen Begebenheiten zusammengeheftet. Indem derselbe den Lobredner (Eulogius) und seine Schrift streng kritisirte und der Behauptung seines Gegners Malleolus, die Schwyzer seien Abstämmlinge der Sachsen, den Vorzug gab, trat eine vorübergehende Reaction gegen die Schwedensage und was mit ihr zusammenhängt, ein.

So fand Wilibald Pirkheimer (geb. 1470, gestorben 1530) in seiner Beschreibung des Schwabenkrieges, im Kapitel über die Thaten und Bündnisse der Eidgenossen, an der Sage von einer schwedischen Abstammung jener Gebirgsbewohner, sowohl wegen der Entlegenheit Schwedens, als mit Rücksicht auf die Unfruchtbarkeit und Unwirthlichkeit des schweizerischen Gebirgslandes wenig Glaubwürdiges.[3]

Beatus Rhenanus (Beat Bild von Rheinach, geb. 1485 zu Schlettstatt, gestorben 1547) Verfasser der „Rerum Germ. Libri III" (1531) kannte Fründs Schrift ebenfalls und suchte dieselbe zu widerlegen. Er selbst etymologisirt, die Schwyzer hätten ihren Namen von einem Gau der Sachsen, dessen Bewohner sich Vitae geheissen. Diese hätten vor alter Zeit ihre Wohnsitze nach dem jetzigen Ländchen Schwyz verlegt. Den Anfangsbuchstaben S habe die zu Zischlauten geneigte Landessprache hinzugefügt.

Die schärfste Kritik über die Schrift Fründs ist von Seite unserer zwei bedeutendsten schweizerischen Chronisten des XVI. Jahrhunderts, von Stumpf und Tschudi, geübt worden.

Johannes Stumpf bespricht, ohne Fründ zu nennen, dessen Schwedensage zwei Mal, Seite 208 im vierten und Seite 177 im sechsten Buch seiner 1548 zu Zürich erschienenen „Chronik loblicher Eidgenossenschaft". Er beruft sich dabei immer

---

[3] Bilibaldi Pirkheimeri Bellum helv. in Thes. Hist. Helv. Tigur. 1735. p. 3.

auf „etliche Geschichtschreiber"; allein aus den diesen Geschichtschreibern enthobenen Stellen geht hervor, dass trotz des Collectivausdruckes „etliche" doch immer nur einer und derselbe gemeint sein kann, nämlich Fründ, dem jene sämmtlichen Stellen entnommen sind. Im vierten Buch Seite 208 bemerkt Stumpf, er habe unter den „Etlichen" — Geschichtschreiber aus der Zeit Friedrichs III. im Auge. Wenn man erwägt, dass dieser Kaiser gerade in dem Jahre zur Regierung kam, als Fründ, nach Tschudis Aussage, seine Schrift abfasste, so scheint es ziemlich sicher, dass Stumpf keinen andern als eben Fründ gemeint haben kann. Von einem Liber Augustalis und einer Chronik Alfonsi, schreibt er, hab' er nie etwas gesehen und würden ihm wohl diese Chroniken auch niemals zu Gesicht kommen.

Im Uebrigen rügt Stumpf die chronologischen und historischen Widersprüche in der Fründischen Schwedensage, bestreitet auch Hemmerlins und Nauclers Erzählungen von der Sachsenabkunft, pflichtet dagegen der von Tschudi zuerst aufgestellten und ihm von diesem (noch vor Abfassung der „Gallia Comata") privatim mitgetheilten cimbrischen Abstammungshypothese bei; gibt jedoch auch die Möglichkeit einer gothischen Einwanderung zu.

Völlig vernichtend fiel Gilg Tschudi in seiner „Gallia Comata" über Fründs Büchlein her. Er überschüttet den Verfasser mit Spott, weil er aus dem Arianer Alarich einen Schirmer der Kirche, aus dem Verfolger des Kaisers einen Bundesgenossen desselben, und weil er Alarich zum Sohne des Radagais machte. Hinwieder nimmt Tschudi doch auch, zum Theil nach Fründ, eine Auswanderung aus Schweden, Norwegen und Ostfriesenland an. Sechs tausend Schweden und zwölf hundert Friesen, meint auch er, seien des Hungers wegen ausgezogen „wie der Switterer, Unterwaldener und Hasler alte herkommen bezeugen." (!) Nur führt Tschudi das Ereigniss auf die Zeiten der

Cimbern zurück, deren Auswanderung aus Skandinavien er in das Jahr 114 nach Chr. verlegt. Es seien, meint er, die Ueberreste jenes Volkes gewesen, welche die Tiguriner, nach der durch Marius in der Lombardei erlittenen Niederlage, aufgenommen und die sich dann unter ihren Hauptleuten Switer, Scheyo, Rumo und dem ostfriesischen Resty in obige Landschaften getheilt haben. Resty, aus der Stadt Haselingen in Ostfriesen, habe dem von seinem Haufen besetzten Thale den Namen Hasle gegeben. So macht auch der schweizerische Herodot, indem er Fründ bespöttelt, seinerseits Geschichte (s. Beilage D. Fragmente aus der Gallia comata).

Allein trotz dieser scharfen Kritiken über Fründs Büchlein erhielt sich doch die von ihm erdichtete Erzählung im Gedächtniss der Eidgenossen.

Es traf hier vollkommen ein, was Riehl von der Entstehung der Volkssagen bemerkt. „Die Volkssagen, schreibt Riehl, werden von Einzelnen angeregt, gewinnen aber ihren Vollgehalt erst dadurch, dass sie vom Volke erfasst, und fortgebildet und so zuletzt zur Aussprache des Volksbewusstseins werden. Die Politik des Verstandes verdunkelt sich erst zur Gefühlspolitik und verklärt sich dann, um von der öffentlichen Meinung durchgreifend erfasst zu werden."

So wurden auch die Fründischen Erzählungen vom Volke erfasst, nach und nach durch seinen Glauben geheiligt und keine Zweifelsucht, kein Unglaube war mehr im Stande sie zu erschüttern oder in Vergessenheit zu bringen. Im Gegentheil trieb die Sage einen üppigen Ausläufer in dem Lande selbst, aus welchem die Schwyzer in grauer Zeit ausgewandert sein sollten, nämlich in Schweden.[4])

Der Kriegsruhm, den die Schweizer in der Mannsschlacht

---

[4]) Vgl. die Abhandlung über die Abstammung der Oberhasler von Schweden. Schweiz. Gesch. Forscher. Bd. VIII. S. 305 ff.

von St. Jakob gegen die Heerhaufen des Königs von Frankreich, in den Schlachten von Murten, Grandson und Nanzig gegen Karl den Kühnen von Burgund und im darauf folgenden Schwabenkriege erworben, erregte die Bewunderung und das Erstaunen von ganz Europa. Es musste aber dieser Kriegsruhm namentlich die Schweden, zu denen die Kunde der Abstammung dieses fortan so gefeierten und vielbegehrten Heldenvolkes aus dem Schweden- und Ostfriesenlande ebenfalls gelangt war, mit gerechtem Stolze erfüllen.

Es kann daher gar nicht auffallen, dass man sich in Schweden — dem angeblichen Mutterlande der Schweizer — über die Frage ihrer Auswanderung aus Skandinavien sehr frühe ernstlich zu beschäftigen anfing.

Der erste, der dieses that, war Erik Olaus (Olavson), Dechant von Upsala, Verfasser einer Geschichte der Schweden und Gothen, als dessen Todesjahr 1486 angegeben wird.

In Olaus' Fussstapfen trat Johannes Magnus (Magnuson) in seiner Geschichte der Gothen und Schweden, welche 1554 zu Rom im Druck erschien. Magnus erzählt, er habe in der Schweiz selbst von der Auswanderung einer schwedischen Horde nach dem schweizerischen Gebirgslande sprechen gehört. Der skandinavische Ursprung werde dort nicht nur durch die schweizerischen Geschichtschreiber berichtet, sondern auch durch den wohlwollenden, freundschaftlichen Empfang dargethan, der jedem die Schweiz besuchenden Schweden zu Theil werde, wie er (Magnus) an sich selbst die Erfahrung gemacht habe.

In einem Edict von 1555 erwähnt König Gustav I. (Wasa) eines gothischen Heerhaufens, der einst in fremde Länder gezogen und endlich, nach vollbrachten tapfern Kriegsthaten, in Helvetien sich angesiedelt habe, wo noch zu seiner Zeit die Nachkommen fortleben.

Bekannt ist, dass auch König Gustav Adolf, als er zur Zeit des dreissigjährigen Krieges mit den Eidgenossen in eine Allianz gegen Oesterreich zu treten wünschte, sich auf die Stammverwandtschaft der Schweizer mit den Schweden, als auf ein Pfand wechselseitigen Wohlwollens, ausdrücklich berief. In diesem Sinne lautete die lateinische Anrede, welche der Botschafter des Königs, Ritter Christoph Ludwig von Rascha, am 15. October 1634 an die versammelte Tagsatzung hielt.

Im siebenzehnten Jahrhundert zog Graf Benedikt Oxenstierna (gestorben 1702), welcher bei seinem Aufenthalte in der Schweiz das sogenannte Ostfriesenlied singen hörte, und im Laufe des achtzehnten Jahrhunderts Professor Nejker in Upsala über die Herkunft der Oberhasler aus Schweden nähere Erkundigungen ein. Als dem letztgenannten einige Bruchstücke aus dem Landbuch von Hasle, sowie das Ostfriesenlied abschriftlich mitgetheilt worden waren, verfasste, mit Berufung auf das Mitgetheilte, der Ostgothenländer Jakob Ek eine Abhandlung „De Colonia Suecorum in Helvetia", die er 1797 in der Akademie zu Upsala vortrug. Der gelehrte Professor sprach am Schlusse seines Vortrages seine persönliche Ansicht dahin aus, es habe wirklich eine solche Auswanderung stattgefunden, **wenn schon in Schweden selbst weder Sagen noch Geschichtsbücher dieser Emigration erwähnen, indem nicht wohl angenommen werden könne, es sei die schweizerische Sage ursprünglich blosse Erdichtung gewesen** (!).

Die letzte schwedische Schrift über die Abstammung der Schwyzer aus Skandinavien verdanken wir dem Grafen Axel Emil Wirsén. Sie führt den Titel: „De colonia Suecorum in Helvetiam deducta" und wurde zu Upsala im Jahre 1828 veröffentlicht. Wirsén gibt in seiner Abhandlung unumwunden zu, **dass alle schwedischen Geschichtschreiber des fünf- und sechszehnten Jahrhunderts, welche von** einer Auswanderung der Schweden sprechen, eingestehen, die Kunde davon aus der Schweiz erhalten zu haben. Der Verfasser macht es sich zur Aufgabe, die (Fründische) Geschichtserzählung „von allem darin vorkommenden pseudogelehrten Unsinn, von jenem monströsen Gemische griechischer, römischer, slavischer, heidnischer und christlicher Namen" zu säubern und den sogenannten Kern der Sage in seiner ursprünglichen Reinheit herzustellen. Diesen glaubt Wirsén in der bekannten, in das neunte Jahrhundert verlegten Wanderung der Söhne Ragnar Lodbroks und ihrer normannischen Wickingerschaaren von Suderik bis nach Wiflisburg, gefunden zu haben. Ich berühre diese Wirsénische Sagenvariante der schwedischen Auswanderung, die übrigens in Schweden schon 1737 im Umlaufe war, hier nicht weiter, zumal dieselbe ebenfalls von historischen Widersprüchen wimmelt, deren Unhaltbarkeit bereits anderwärts sattsam nachgewiesen und von der neuern Geschichtsforschung längst überholt ist.[5]

Das ist's, was man die schwedische Fründliteratur nennen kann.

Wenn irgend bei einem Buche, darf man bei diesem Fründischen mit Ovid ausrufen: Habuit sua fata libellus!

---

[5] Vgl. »Untersuchung über die erste Bevölkerung des Alpengebirgs insbesondere der schweizerischen Urkantone und des Oberwallis« von J. R. Burkhardt, im »Archiv für Schweiz. Gesch.« 4. Bd. 1846.

Schlussbetrachtung.

In der „Etude critique sur les traditions relatives aux Origines de la Confédération Suisse" (Genève et Bâle 1869) habe ich S. 46 und ff. nach Burkhardts und Blumers Vorgang, die Behauptung aufgestellt, die Fründische Schrift über das Herkommen der Schwyzer sei nichts Anderes, als das in geschichtliche Form eingekleidete Plaidoyer eines patriotischen Parteigängers der Eidgenossen im Kriege gegen Zürich und Oesterreich. Ich bemerkte dort, diese Schrift habe keinen andern Zweck gehabt, als den geschichtlichen Beweis zu liefern, einerseits, dass die Schwyzer kein Volk von niedriger Abkunft, und anderseits, dass sie vor uralten Zeiten zu rechten Zügen in den Genuss ihrer Freiheiten und Privilegien gelangt seien. Das Erste sollte durch die **schwedische Genealogie**, das Zweite durch eine **Aufzählung der Kriegsdienste** bewiesen werden, welche die Schwyzer angeblich schon im fünften Jahrhundert dem römischen Reiche und der Kirche geleistet und dafür ihre Freiheiten erhalten haben.

So hatte Landschreiber Joh. Fründ nicht nur dem **Volke von Schwyz** u. s. w. einen **genealogischen** Stammbaum verschafft, — er hatte auch für einen Stammbaum der schweizerischen **Freiheit und Unabhängigkeit** gesorgt, welcher in der That alt genug war, um vor männiglich die Ahnenprobe zu bestehen.

Täusche ich mich nicht, so haben die von mir in den Abschnitten III — V der vorliegenden Studie über die Veranlassung und Entstehung der Fründischen Schrift und über deren Quellen gelieferten Untersuchungen jedem Unbefangenen die Ueberzeugung beibringen müssen, dass dieselbe in der That nichts Anderes ist, als eine Schrift, welche, nach subjectiven Ideen mit bestimmten Absichten verfasst von Anfang bis an's Ende einen wohlberechneten, politischen Zweck verfolgt. Diesen Zweck zu erreichen war für den unterrichteten, feder- und schlagfertigen, patriotischen Landschreiber von Schwyz, namentlich in Bezug auf den genealogischen Theil, ein unschwieriges literarisches Unternehmen. Da Verfälschungen, ja reine Fictionen und Unterschiebungen von Genealogien gerade bei solchen Völkerschaften am leichtesten möglich sind, die gar keine oder eine dunkle, wenig beachtete und noch weniger bekundete Entstehungsgeschichte besitzen, so konnte auch Fründ unbedenklich eine solche Genealogie zu Gunsten der Schwyzer erdichten und in Umlauf setzen. Waren nicht schon unter den Völkern des Alterthums und unter den gallischen und germanischen der Nachzeit solche genealogische Fabulisten und Sagenschreiber aufgetreten? Hatte Fründ nicht in dem Verfasser der „Gesta Regum Francorum", in Galfried von Monmouth, in Hunibald, in Jordanus und dutzend Andern bekannte Vorgänger und Muster?

In ähnlicher Weise löste Fründ den zweiten Theil der Aufgabe, die er sich gestellt hatte. Wir haben gesehen, wie er seine Erzählung willkürlich an die römische Geschichte des fünften Jahrhunderts anknüpfte und mit der historisch beglaubigten Thatsache der Einnahme Roms durch Alarich einen rein erfundenen Römerzug der Schwyzer und Hasler zu Gunsten der Kaiser Honorius und Theodosius des Jüngern, sowie der Päpste Innocenz und Zosimus in Verbindung brachte. Wir haben hier unsern Geschichtsbaumeister so zu sagen auf der That ertappt und ihm nachweisen können, woher er die Bausteine und den Mörtel bezog, um sein historisches Gebäude aufzuführen. Niemand wird in Abrede stellen, dass bei seiner Art zu historiographiren der Gott Phantasus, wie bei Shakspear's Comödien, die Hauptrolle, aber ja freilich zu sehr praktischen Zwecken, gespielt hat. Man wird daraus mit mir den Schluss ziehen müssen, dass der ganzen

Fründischen Schrift gar kein Kern einer schweizerischen Volkssage zu Grunde liegt, und dass derselben überhaupt ein historischer Werth an sich nicht beigelegt werden kann.

Aber, wird man mir entgegnen, wenn diese Fründische Schrift ohne allen Werth für die eigentliche Geschichte des Ursprunges der Eidgenossenschaft erscheint, warum denn der historisch werthlosen, verschollenen Chronik, die mit Rücksicht auf den alten Zürichkrieg geschrieben, damals ihren politischen Zweck erreicht hat, mit Mühe und Zeitvergeudung nachspüren, die wieder aufgefundene dem Druck übergeben und mit langen und langweiligen Commentarien begleiten?

Die rechtfertigende Antwort auf diese Frage ist nicht schwer.

Ich wollte, einem gegebenen Versprechen nachkommend, einlässlicher als es in meiner, zu Genf veröffentlichten Studie geschehen konnte, an der Hand der wiederaufgefundenen Fründischen Schrift, als an einem eklatanten Beispiele, nachweisen, wie man bei uns im fünfzehnten Jahrhundert, in welchem die ganze ältere Schweizergeschichte ihr erstes Gepräge erhielt, vaterländische Geschichte geschrieben, beziehungsweise gemacht hat. Ich wollte in frische Erinnerung bringen, wie man diese Geschichte nicht nur ganz und gar fingirte, sondern wie dieselbe allgemein geglaubt, in Reimchroniken und Lieder gebracht, in Amts- und Landbücher eingetragen, zum Gegenstand von Landsgemeindebeschlüssen und Landesandachten, von internationalen und diplomatischen Auslassungen gemacht, in Volksfesten gefeiert, und in aus- und inländischen Geschichtswerken und gelehrten Abhandlungen von Geschlecht zu Geschlecht fortgepflanzt wurde.

In meiner „Etude critique etc." habe ich speciell behauptet und zu beweisen gesucht:

die Sagen über die Herkunft der Schwyzer aus Skandinavien,

die Weiterentwicklung der Sagen über den Ursprung der Eidgenossenschaft, insbesondere die Erweiterung der hemmerlinschen Erzählung über die Erhebung in Schwyz und Unterwalden,

die Entlehnung der Tokosage aus Dänemark und deren Umbildung in diejenige des Urner Thall,

endlich die Verschmelzung der verschiedenen Bestandtheile dieser Traditionen durch den Verfasser der Erzählungen im Weissen Buche von Sarnen,

seien wesentlich der gelehrten Erfindung und Conjectur zuzuschreiben.

Es wurde dort gezeigt, wie die überraschend schnelle Entwicklung obiger Sagen in der zweiten Hälfte des XV. Jahrhunderts auf die reflektirte Genesis derselben hinweise und die Annahme ausschliesse, dass sie aus der sagenschöpferischen Einbildungskraft des Volkes, wie Minerva aus dem Haupte Jupiters, plötzlich hervorgesprungen seien.

Durch ein näheres Eingehen in die Zeit- und Streitverhältnisse des Alten Zürichkrieges habe ich namentlich nachgewiesen, wie die gelehrte Erfindung, Erweiterung und Ausschmückung jener Sagen bestimmte, praktische, politische Zwecke verfolgte; wie sie nicht nur der nationalen Eigenliebe schmeicheln, sondern den Kampf gegen Zürich und die Feindschaft gegen Oesterreich legitimiren und den von den zürcherisch-österreichischen Partei in Wort und Schrift verbreiteten Schmähungen und Verleumdungen entgegentreten sollte.

Seite 103—105 meiner „Etude" habe ich insbesondere angedeutet, wie eine aufmerksame Würdigung der Erzählungen im Weissen Buche, zusammengehalten mit den Ereignissen, welche mit, und selbst nach Auflösung des Aachener Bündnisses zwischen Zürich und Oesterreich, die Politik der Eidgenossenschaft beeinflussten, den Unbefangenen zur Ueberzeugung führen müsse,

dass darin nicht „einfach aufgeschrieben worden sei, was das
Volk sich über die Entstehung der eidgenössischen Bünde erzählt und in Liedern gesungen habe". Ich habe behauptet, dass
hier nicht die im Volke vorgefundene, sondern, im Gegentheil, die erfundene Geschichtsgenesis des eidgenössischen
Bundes, als eine, das orthodoxe Geschichtscredo enthaltende
Widerlegung der, von Hemmerlin zum Besten gegebenen, verfehmten, unrühmlichen Bundesgeschichte liege.

Man hat die Richtigkeit meiner Vordersätze anerkannt;
allein man hat geglaubt, meine Schlussfolgerungen daraus in
Zweifel ziehen zu müssen. Man meinte nämlich, ich sei zu weit
gegangen, wenn ich in der, im Weissen Buche enthaltenen
Sage von der Befreiung der Waldstätte durch einen Geheimbund,
nur eine polemische Antwort auf Hemmerlins Anschwärzungen,
oder mit andern Worten, wenn ich darin ebenfalls nur zum grössten Theil das Werk gelehrter Conjectur erblicke. Man behauptet, gerade die Rüttlisage sei es, welche in den Hemmerlin'schen
Reminiscenzen aus dem dreizehnten Jahrhundert über Verschwörungsvorgänge in Schwyz ihren geschichtlichen Halt finde.

Die gute Absicht dieser Behauptung ist klar: man möchte
noch gerne „einen Kern der Volkssage" aus der grossen Sündfluth retten, in welcher die unerbittliche Kritik unsere vaterländischen Ueberlieferungen untergehen liess, um die Wahrheit historisch erweislicher und erwiesener Thatsachen zu Ehren zu bringen und an deren Stelle zu setzen.

Dieser Ansicht trete ich auch heute noch entgegen und
halte dafür, dass die Herausgabe der wieder aufgefundenen
Fründischen Schrift und meine kritischen Untersuchungen über
dieselbe Einiges dazu beigetragen haben dürften, die in
meiner „Etude" aufgestellten Hypothesen zu erhärten und gegen
die Anfechtungen, die sie erlitten haben, sicher zu stellen.

Oder welcher Unbefangene, der einen tieferen Blick in die

Veranlassung, die Entstehung und die Absicht der Fründischen Erdichtungen, der Hemmerlin'schen Gegenerzählungen und der Repliken im Weissen Buche geworfen hat, möchte länger verkennen, dass sie aus den Ereignissen des Alten Zürichkrieges gleichsam herausgewachsen und das Werk gelehrter Erfindung seien? Wer möchte insbesondere länger behaupten, dass die Chronik im Weissen Buche dem durch den Bürgerkrieg veranlassten Federkriege gänzlich fremd sei und ihrem Wesen nach „nicht die geringste Spur polemischer Färbung an sich trage"? Ist nicht auch die Fassung von Fründs kleiner Schwyzer Chronik, eine einzige leise Anspielung ausgenommen, ganz objectiv gehalten und ohne jede polemische Färbung? Mussten nicht die schwedischen Erfindungen Fründs unwillkürlich und von selbst auf die Spur und die Einführung des dänischen Legendenkreises des Schützen Toko führen und springt hier nicht Jedermann der Zusammenhang und die engste Verwandtschaft des Inhalts vom Weissen Buch mit dem der Fründischen Schrift und Hemmerlins „De ortu Suitensium" in die Augen?

Ich bin jedoch weit davon entfernt, unserem lieben Johannes Fründ und dem unbekannten Vater und Verfasser der Legenden des Weissen Buchs ihre Abart Geschichte zu schreiben (wenn sie nicht über contemporane Begebenheiten berichten und über den Zeitpunkt hinausgehen, über welchen sie selbst Augen- und Ohrenzeugen waren oder doch solche vernehmen konnten), — nicht zu gut zu halten oder etwa gar zu grosser Sünde anzurechnen. Der eine wie der andere verstand eben während und nach dem gewaltigen Parteikampfe, der ihre Zeit durchtobte und mittelbar zu dem Burgunder- und Schwabenkriege führte, — bei Abfassung ihrer Denkschriften das Wort Wahrheit nicht im rein objectiven, sondern in einem bestimmten, subjectiven Sinne. Für den Landschreiber von Schwyz insbesondere war Wahrheit, was einerseits dem Stande Schwyz und seiner guten Sache frommte, was dessen Volk und seinen Kriegspartisanen zum Nutzen und zur Erbauung gereichte, und was anderseits zur Bekämpfung der Intriguen und Praktiken des, mit dem eidgenössischen Erbfeinde verbündeten, abgefallenen Zürichs und der von diesem ausgestreuten Verleumdungen und Diatriben nützlich und dienlich sein konnte.

Ueberhaupt ist in einer von Parteiungen, Krieg und Fehde tief bewegten Zeit nichts verführerischer, als auch die Historiographie der Partei und dem Interesse des Tages dienstbar zu machen, weil solches wenigstens für den Augenblick Ruhm und Vortheil sichert und die politischen Zwecke erreichen hilft.

Für den Augenblick, ja, aber nicht auf die Dauer! Es ist wie wenn Johannes Fründ die Kritik der Nachwelt über seine Schrift geahnt habe und ihre scharfen Pfeile zum Voraus hätte abstumpfen wollen. Unterlässt derselbe doch nicht im Vorwort seines Schriftchens den Leser zu bitten: „unnd harum, ob ich in disem minem Schriben nit volkommen wär, so bitt ich alle, die das lesend, mier das zue gütem uff zu nemen, hab ich aber das wol gesetzt, das Gott dem Allmechtigen zu zelegen, der ouch durch solich getadt vnd manheitt so hienach geschriben sind vnd beschehen, sol gelobt vnd geeretet werden."

„Omnia ad majorem Dei, Ecclesiæ Patriæque gloriam" — war also der Wahlspruch der damaligen Verfasser solcher Denkschriften. Auf ihre und ähnliche Geschichten gestützt, hiess es dann später: „ut fama famat", „wie die Volkssage meldet", oder wie dies der Einsiedler Dekan Albert von Bonstetten trefflich verdeutschte: „vil mär wirdt volkommelicher vsgelandmeret".

Die Sage von der skandinavischen Herkunft der ältesten Eidgenossen, die mit ihr unzweifelhaft zusammenhängende, dem nordischen Toko nachgebildete Tellsage, die Rütlischwursage, sie alle sind in ihrer bisherigen Bedeutung als sogenannte Kernbestandtheile der Urgeschichte der Eidgenossenschaft, als definitiv abgethan und erledigt zu betrachten.

„Allein der um ihre historische Gültigkeit hundert Jahre lang geführte literarische Kampf zwischen gläubigem Patriotismus und kritischer Wahrheitsliebe ist im Grunde grossartiger als die bestrittenen Ereignisse selbst und der endliche Sieg der kritischen Wahrheit und ihr allmäliges Eindringen ins Volk nur zu vergleichen den gleichzeitigen entsprechenden Erscheinungen auf religiösem Gebiete."[6]

---

[6] Vgl. »Ueber d. histor. Volkslieder der Schweiz« von Prof. Tobler im Archiv des hist. Vereins in Bern. VII. B. 2. H.

Anhang.

A. Parallelstellen aus Naucleri Chronikon und Codex G.

Nauclerus.	Codex G.
Ripas Rheni ascendentes.	vnd zugend (den Rin) haruff.
Deinde spoliis divisis ...	darnach theilten sy das gut des erschlagnen volcks.
Inter Alpes, colles et lacus ad locum fracti montis ducatus Austriae diverterint ...	vnd warent da in berg vnd in tal, in alpen, flün, in wasser ... vnd kament in ein land genampt daß brochen Byrg oder Fräckmund in dem herzogthum Oesterych.
Spinas evellunt, lapidibus purgant, terram ad culturam redigentes ...	darnach fiengend sy an zů rüten vnd rumen stein vnd dorn vnd das vngeübt ertrich zů buwen.
Bellicis rebus instructos, bellicosos et feroces homines... invitaverunt ...	streng stritbar lüt vnd manlich vnd starck volck werind ganz wol vff stritten vnd fechten geneigt.
...... Daretur eisque vescillum rubrum, Christi stigmate signatum ...	begerend daß vns ein zeichen vnd paner werd, daß ganz rott syg ... vnd darinnen daß zeichen vnsers lieben herren Jesu crysty.

B. Auszug aus Schradins Schwabenkrieg.

. . . .

Nachdem etlich Hystorien werden gelesen,
So ist vor vil jaren ein großer hunger gewesen,
Als man jn denselben hystorien fint geschriben,
Wie demolß ein folgk sye vßgetrieben
Vß Schweden dem land mit vnfal des loß,
Hungershalb, nach satzung, by penen gross.
Zu der zyt künig Gyßbertus jn Schwedyen
Das selb volgk gedacht sich ir armut zu ledigen,
Waren einander bystendig in pündtnuß wyß,
Erkannten sy ir vngefell mit gantzem flyß,
Griffen an vnd beroupten stett vnd land,
Vnd gemeinlich alles das, so jnen ßtieß zu hand,
Zugen mitt einander by vj. M. on wyb vnd kind.
Vermeinten ettlich fürsten mit jrem gesind
Eins grossen folcks vff der strass in sy zů fallen.
Die gesigotten derselben fürsten volgk allen.
Mit dem gelückfal, als sy Gott behůtt,
Teilten sy gemeinlich vnder sich das Gůt,
So sy gewonnen an derselben Schlacht.
Darnach zugen sy mitt ir macht
Für vnd für gegen hochtütsche Land,
Zu dem gebrochen birg, da es wonung fand.
Das Gelend lag in dem Herzogthumb Oesterich.
Zu derselben zitt verfůgten sy sich
Mit bottschafft zu werben, als jnn was einer
Zum Graffen von Habsburg des lands ein Herr,
Inen wonung zů lassen an denen Orten,
Denn das selb gelend nach jren Worten
Sich an gelegenheitt gelichott jrem Land,

So sy vffgeben vnd verlassen hand,
Derselb graf hat die erbern lūt nitt gesprengt
Vnd ir gebitt zůgeben vnd verhengt.
Uff das fiengen sy an, die wilde zu pflanzen.
Alls dann wytter, sagt die legend,
Teilten sy vnder sich dasselb gelend,
Als sy bedunkt gůt syn vnd zum besten.
Daby detten sy ir alt pflicht benesten
Vnd nart sich jeder siner arbeit, als er mocht.
Sy hie hielten ouch vnder einander Gotzforcht,
Als dan thuend gůtt from cristen lūt.
Nachdem die hystory anzeigt vnd bedūtt,
Ufferstund der cristenheit gar groß leid,
Als der fürst Eugenius, ein mechtiger heyd
Die cristenheit schmach vnd schand.
Wurden treffentlich botschafften vßgesandt
Von Bebsten, küngen odor keysern derselben zytt,
Als nach der gepurt cristi die jar zal gyt
An einer sům drūhundert achtzig vnd syben jar,
Zu den selben lütten vß Schweden fürwar,
Der strytbarkeit fürsten vnd herrn vernomen hetten,
Sy zu ermanen cristenlichen glouben zů retten.
Deß sy sich gůt willig erbütten jn dienstparkeitt.
Das zu enden jn gehorsamy waren sy bereitt,
Sich erhebende gen Rom zu ziehendt der fardt.
Als sy Rom ergriffen, vnd ir zůkůnft offen ward,
Wolten sy mitt andern cristen nit mer Beidten
Ir gemūt vnd anschleg sy darvff leitten,
Mit gottes hilff anzugriffen der heyden macht.
Das beschach; ritterlich man mitt jnen facht,
So lang, das den cristen der syg von gott kam,
Vnd nachdem als man domals vernam,

Ward den heyden ein gross sum wolt erdött,
On die, so in das Wasser, die tiber, sindt genöt,
Da sich darjnn mußten zu tod ertrencken.
Des sygs detten die cristen an Gott gedenken,
Vnd ward erkent der schwedischen lüten flyß,
Ouch denselben danck gesagt vnd geben bryß,
Darzů begabt mit freyheiten vnd gold geschwind,
Als fry lüt, die keins Herren eigen sind.

. . . .

C. Auszug aus Nauclers Chronicon.

„Circa annum dom. MCCC Suitenses famari cooperunt, licet origo gentis multo sit vetustior, de quo scribit quidam invenisse se Chronicam in urbe Romana (?) quae referat, quod tempore Sigiberti, Suedorum regis et Christofori comitis Austrofrisonum, fame compulsi fuerint aliqui eas regiones exire et alias sedes quaerere per sortem quod exiverint ex Suedis sex milia hominum, ex Frisonibus mille ducenti praeter mulieres et pueros: pervenerintque ad Rhenum, ubi a Priamo et Petro de paludibus, Francorum Ducibus, impediti vi et armis sibi viam faciunt multis occisis. Deinde spoliis divisis per Ripas Rheni ascendentes, parumque declinantes, inter alpes, colles et lacus ad locum fracti montis ducatus Austriae diverterint, deserta ibi ex licentia comitis de Habspurg eligunt, spinas evellunt, lapidibus purgant, terram ad culturam redigentes. Habebant autem tres duces Suicerum, Rhemum et Wadislaum. Suicerus cum Rhemo terras fracti montis et alpes Longobardiam adspicientes suscipiunt, Wadislaus vallem prope Ararim fluvium occupat.

Factum est autem, quod tum Archadio et Honorio imperatoribus, Nicolao et post ipsum Zosimo Rom. pontificibus, Romani auxilio cujusdam Eugenii apostatae rebellabant. His Alaricus rex Gothorum cum imperatoribus et papa resistere volentes, praedictos duces Suicerum, Rhemum et Wadislaum, iam bellicis rebus instructos, bellicosos et feroces homines auxilii gratia invitaverunt, stipendia promittentes. Confestim duces ii cum copia arma sumunt et signati cruce cum Alarico rege Romam perveniunt. Obsidetur urbs Suicerusquo et sui civitatem Leoninam expugnant, caesis innumeris paganis. Eugenius postea cum maxima Romanorum multitudine obtritus est. Victoria itaque de inimicis obtenta, papa imperatoresque Romani volentes Suicerum ac socios remunerare stipendiis, id recusabant, dicentes pro Deo et fide tuenda se venire nihilque aliud petere quod terram, quam occupaverunt, habitabilemque fecerunt, retinere et quod immunes deinceps a tributo nullique praeter imperatorem subjecti essent, daretur eisque quoque vexillum rubrum Christi stigmate signatum, quae omnia obtinuerunt et cum benedictione papali ad propria reversi sunt, nihilominus auro et argento donati.

Haec et multo plura refert quidam Eulogius, se in eadem chronica invenisse Pliniumque atque Franciscum Petrarcham allegans, quae brevitatis causa omitto, relatu enim digna non sunt, cum colorem veritatis non habeant. Quis enim mihi crederet, si dicerem sub Arcadio et Honorio ducatum Austriae fuisse et quod Alaricus Gothorum rex, Honorio et Arcadio imperatoribus, Zosimoque papa, auxilia contra Romanos apostatas et rebelles praestiterit, cum Alaricus imperatoribus et papa renitentibus, urbem ingressus sit atque ceperit, hostis quoque et adversarius fuerit? Nec ante Zosimum aliquis Nicolaus papa invenitur, ex quibus convincitur scriptor iste historias minime intellexisse sed prorsus aberrare."

D. Fragmente aus Tschudi's Gallia Comata.

„Von irem vrsprung vnd harkommen vß Schwedien (nämlich der Schwyzer) hat einer, Johans Fründ genannt anno dom.

1440 ein büchli voller irrthum vnd erdichter Fabeln vß sinem eignen kopf on allen grund vßgon lassen . . . . . also das etlich, Joannes Nauclerus vnd ander, wider des gemelten Joh. Fründen Fabelgedicht geschriben vnd sine offenbare Irrthumb meniklichen vor ougen gestellt. . . . . . Schribt derselb Johans Fründ das er dise histori vß Latin vertütscht habe. . . . . . Demnach meldet er wie Pollicratus in einem 6. buch vnd 7. Capitel vil von Römischen geschichten geschriben. . . . . . Witer schribt er das zu künig Gisberti von Schwedien ziten die Schwedier gen Schwytz gezogen. . . . . . er sagt Plinius der poet habe der Schwedier Reiss in siner cronik beschriben. . . . . . fürer spricht er, das land Schwytz, da sich die Swedier gesezt, sige zu derselben zit, als si jns land komen, jm hertzogtumb Oesterich gelegen, sige der grafen von habspurg gewesen, habe an das Lampartisch pirg gestoßen, vnd sigind anno domini 387 zu keiser Theodosij des eltern ziten schon im land Switz wonhafft gewesen. . . . . Witer spricht er, das keiser theodosius, der elter, allein 3 jar geregiert, do sig er gestorben, habe zwen sün Arcadium und Honorium verlassen, vnder welchen die Römer nach Theodosij sines vatters tod, vom christen glouben abgefallen vnd beiden keisern gebrüdern widerspennig wurden durch eins heidnischen fürsten Eugenij, der jünger genannt, des vatter Eugenium der elter Theodosius, beiden keiseren vatter, erschlagen hab, do hab der jünger Eugenius sines vatters tod an Theodosij sünen, den keiseren Arcadio vnd Honorio, wellen rechen, (das beschreibt der poet Claudianus Florentinus) vnd habe vnderstanden, beide keiser vnd ouch papst Anastasium ze vertriben vnd den christenglouben vszcrüten, vnd habe den papst vnd beide keiser von Rom vertriben. Do habe papst Anastasius vnd die beiden keiser Arcadius vnd Honorius den Christenlichen küng Radagaisum beworben, das er jnen ze hilff gezogen vnd bis gen Rom komen, er sig aber überwunden vnd erschlagen worden, wie das Plinius vnd Franciscus Petrarcha von Lanzisa beschriben habind...... Demnach schribt er witer, wie Papst Innocentius, Anastasij nachkomme, desglich ouch papst Zosimus, Innocentij nachkomme, bi Irem leben vssert der stat Rom von obgemelter vertribung wegen sich müssen enthalten vnd habind die heiligen kilchen mit not ärmklich vfenthalten. Do sig der cristenlich künig der Gothen Alaricus, des obgnanten Radagaisi sun, den keisern Honorio vnd Theodosio dem jüngern durch zutun papst Zosimi ze hilff gezogen, die römisch kilch ze retten vnd sines vatters tod ze rechen. Es habe ouch papst Zosimus vnd die genannten beid keiser an die von Switz vnd Haßle geworben. Die sigind inen ouch sampt dem künig Alarico ze hilff gezogen, habind die statt Rom wider erobert vnd den keisern vnd dem papst wider zugestellt, vnd den heidnischen fürsten Eugenium den Jüngern erschlagen, vnd bezügt das mit Francisco Petrarcha, der hab sölich in einer Augustalischen Cronik beschriben......"

Unter dem Worte Hasnis, vel Hasle steht in der Gallia Comata Folgendes: „civitas Ostfrisiae maxima inter Suedios et Ostfrisios."

Inhaltsverzeichniss.

	Seite
Vorwort	3
I. Die noch vorhandenen Handschriften der Schrift „über den Ursprung und das Harkommen der Schwyzer und Oberhasler"	6
II. Diplomatisch getreuer Abdruck der Handschrift G	15
III. Die vom Verfasser der Schrift angeführten Quellen und die Art ihrer Benutzung	32
IV. Von dem Verfasser und dem Zwecke der Schrift	51
V. Erfolge und Schicksale der Fründischen Schrift	71
Schlussbetrachtung	86
Anhang:	
A. Parallelstellen aus Nauclerus' Chronik und dem Codex G	94
B. Auszug aus Schradins Schwabenkrieg	95
C. Auszug aus Joan. Naucleri Chronicon	97
D. Fragmente aus Tschudis Gallia Comata	99

Corrigenda.

	Seite		Zeile		von		statt		lies	
	28	„	4	„	Unten	statt	dem mentschen	lies	den mentschen.	
„	38	„	5	„	„	„	actatis	„	aetatis.	
„	39	„	9	„	Oben	„	interfectis	„	venditis.	
„	64	„	15	„	„	„	erzählt	„	erwähnt.	
„	65	„	1	„	„	„	die wier da je vnd je untzit har vnd hüt by tage vns erbotten.	„	die wir dann von Inen habend.	
„	66	„	13	„	Unten	„	des Grafen von Habsburg im Herzogthum Oesterreich von ihrem Lande	„	des Grafen von Habsburg von seinem Lande im Herzogthum Oesterreich.	
„	66	„	7	„	„	„	Hause Oesterreich		Hause Habsburg.	
„	70	„	10	„	„	„	onterreden	lies	unterreden.	
„	71	„	8	„	Oben	„	Städtler	„	Städter.	
„	71	„	8	„	Unten	„	Arcadius	„	Theodosius.	
„	71	„	6	„	„	„	ond	„	vnd.	

„ 76 „ 8—13 „ Oben lies: Kein Wunder also, wenn in der Handschrift H Alles, was auf den Pabst und die römische Kirche Bezug hat, völlig mangelt. Es wurde u. s. w.

Seite	90	Zeile	15	von	Oben	statt	ebenfalls nur zum grössten Theil das Werk	lies	ebenfalls zum grössten Theil nur das Werk.
„	91	„	8	„	„	„	fremd sei und ihrem Wesen nach	„	fremd sei, weil sie ihrem Wesen nach.
„	94	„	3	„	Unten	„	vescillum	„	vexillum.
„	95	„	5	„	Oben	„	demolss	„	domolss.